思想政治教育优硕文库

中国高等教育学会思想政治教育分会
全国大学生思想政治教育发展研究中心　组织编写

八路军留守部队文化建设研究

BALUJUN LIUSHOU BUDUI WENHUA JIANSHE YANJIU

王 凡 ◎ 著

知识产权出版社
全国百佳图书出版单位

图书在版编目(CIP)数据

八路军留守部队文化建设研究 / 王凡著. —北京:知识产权出版社,2017.12
(思想政治教育优硕文库)
ISBN 978-7-5130-5270-2

Ⅰ.①八… Ⅱ.①王… Ⅲ.①八路军 – 文化研究 Ⅳ.①E297.3

中国版本图书馆CIP数据核字(2017)第280986号

内容提要

驻守陕甘宁边区的八路军留守部队开展过轰轰烈烈、卓有成效的文化建设。留守部队的文化建设与思想建设、军事训练等工作共同构成部队建设的主要内容,配合边区政府和社会的文化建设活动,共同形成延安时期文化建设的繁荣局面,并影响和促进其他抗日部队的文化建设。本书较为系统地研究了八路军留守部队进行文化建设的基本情况、特点和作用,对当前部队文化建设有一定的参考借鉴作用。

责任编辑:李海波　　　　责任出版:孙婷婷

八路军留守部队文化建设研究
王　凡　著

出版发行:知识产权出版社有限责任公司	网　址:http://www.ipph.cn
电　话:010-82004826	http://www.laichushu.com
社　址:北京市海淀区气象路50号院	邮　编:100081
责编电话:010-82000860转8582	责编邮箱:277199578@qq.com
发行电话:010-82000860转8101	发行传真:010-82000893
印　刷:虎彩印艺股份有限公司	经　销:各大网上书店、新华书店及相关专业书店
开　本:720mm×1000mm 1/16	印　张:7.75
版　次:2017年12月第1版	印　次:2017年12月第1次印刷
字　数:90千字	定　价:32.00元
ISBN 978-7-5130-5270-2	

出版权专有　侵权必究
如有印装质量问题,本社负责调换。

总　序

为深入学习贯彻党的十八大和十八届三中、四中、五中、六中全会精神及习近平总书记系列重要讲话精神，全面总结思想政治教育学科设立30多年来取得的成绩和经验，提升思想政治教育学科研究生的培养质量和创新能力，推动思想政治教育学科建设和人才培养，在教育部思想政治工作司指导下，中国高等教育学会思想政治教育分会与全国大学生思想政治教育发展研究中心共同组织开展了思想政治教育学科优秀博士和硕士学位论文评选工作。

经过教育部直属高校及各省（自治区、直辖市）高校思想政治教育研究会分会遴选推荐、中国高等教育学会思想政治教育分会与全国大学生思想政治教育发展研究中心组织专家评审，第二批思想政治教育学科优秀博士和硕士学位论文已经揭晓。这些获奖论文选题紧扣思想政治教育领域规律性、前沿性问题，具有较高理论价值和较大学术创新贡献，一定程度反映了思想政治教育理论研究和实践探索相关领域的重要进展和最新成果，对推动学科发展、理论和实践创新产生了积极影响，是大学生思想政治教育创新发展的宝贵财富。

为进一步推动成果交流、转化和应用，为广大思想政治教育学科优秀博士和硕士毕业生出版理论与实践研究成果搭建平台、创造条件，在教育部思想政治工作司指导下，中国高等教育学会思想政治教育分会、全国大学生思想政治教育发展研究中心联合知识产权出版社共同建立"思想政治教育优博文库"和"思想政治教育优硕文库"，为思想政治教育学科优秀博士和硕士学位论文评选工作获奖论文提供出版资助。

学术有幸，薪火相传，希望广大思想政治教育专业博士生和硕士生树立问题意识，开展行动研究，聚焦当前时代的重点难点问题，回应重大理论现实关切，着眼指导和服务实践，坚持理论联系实际，通过扎实研究，深入探索，推出有影响力和感染力的高质量研究成果。

中国高等教育学会思想政治教育分会
全国大学生思想政治教育发展研究中心
2017 年 8 月

前　言

抗日战争全面爆发后，为保护党中央、陕甘宁边区群众的安全，为赴黄河以东对日作战的八路军设立革命的大本营，中国共产党领导的八路军组建了一支特殊的军事组织——八路军留守部队。这支驻守陕甘宁边区的部队在进行部队正规化建设的同时，也着重开展了轰轰烈烈、卓有成效的文化建设。留守部队的文化建设与思想建设、军事训练等工作共同构成部队建设的主要内容。同时，留守部队文化建设也配合边区政府和社会的文化建设活动，共同形成延安时期文化建设的繁荣局面，并影响和促进其他抗日部队的文化建设。

本书在分析陕甘宁边区社会环境和史料的基础上，对留守部队的文化建设工作进行了研究。从留守部队产生的原因入手，通过文本解读、历史回顾和理论分析等手段，对留守部队科学文化知识普及、文化团体活动、新闻出版工作等方面作了重点梳理和归纳。并在此基础上总结提炼出了留守部队文化建设所呈现的鲜明特点，即在文化建设中所凸显的抗日救国主题、吸引和培养人才、坚持党的群众路线的生动实践。留守部队卓有成效的文化建设也对部队整体建设乃至边区建设产生了巨大的推动作用，不仅促进了边区军民思想观念的进步、向外界展示了边区社会的新风貌，也培养了大量的文化干部、为军队文化建设探索了有益经验。

留守部队作为中国共产党在陕甘宁边区局部执政的重要武装力量支撑，其开展文化建设的一些经验和教训能够为今日中国军队文化建设提供可资借鉴的范本。

目 录

第1章 绪论 ……………………………………………………… 001

  1.1 研究背景及意义 ……………………………………………… 003
      1.1.1 研究背景 ………………………………………………… 003
      1.1.2 研究意义 ………………………………………………… 004
  1.2 研究现状 ……………………………………………………… 005
      1.2.1 国内研究现状 …………………………………………… 005
      1.2.2 国外研究现状 …………………………………………… 007
  1.3 相关概念界定 ………………………………………………… 008
  1.4 研究方法及创新点 …………………………………………… 009
      1.4.1 研究方法 ………………………………………………… 009
      1.4.2 创新点 …………………………………………………… 010
  1.5 本书结构 ……………………………………………………… 010

第2章 八路军留守部队文化建设的基本情况 …………………… 011

  2.1 留守部队的建立与沿革 ……………………………………… 013
  2.2 留守部队文化建设的基本内容 ……………………………… 017
      2.2.1 传播科学文化知识 ……………………………………… 020
      2.2.2 建设体育卫生事业 ……………………………………… 027
      2.2.3 举办文化团体活动 ……………………………………… 034
      2.2.4 开展宣传出版工作 ……………………………………… 048

第3章　八路军留守部队文化建设的特点 ·········· 059

3.1 留守部队文化建设凸显抗日救国主题 ·········· 061
3.1.1 紧紧围绕"抗日救国"展开 ·········· 062
3.1.2 文化建设与边区工作任务相结合 ·········· 065
3.1.3 始终坚持党的文化建设方向 ·········· 074

3.2 吸引和培养人才是留守部队文化建设的重要任务 ·········· 077
3.2.1 吸引人才 ·········· 078
3.2.2 培养人才 ·········· 081

3.3 留守部队与边区群众文化互动交流 ·········· 083
3.3.1 参与地方群众的文化活动,相互切磋 ·········· 084
3.3.2 与边区群众交流学习中获取营养 ·········· 085
3.3.3 注重依靠、团结、影响群众 ·········· 086

第4章　八路军留守部队文化建设的作用 ·········· 091

4.1 展示了边区社会政治新面貌 ·········· 093
4.1.1 坚定了边区人民抗战的决心和信心 ·········· 094
4.1.2 团结友好力量,创造良好的文化环境 ·········· 094
4.1.3 促进了边区军民的团结 ·········· 098

4.2 促进边区军民思想观念变化 ·········· 100
4.2.1 改变了边区的旧意识、旧观念 ·········· 100
4.2.2 促进了先进意识观念的萌生 ·········· 102

4.3 培养了大量干部,积蓄了革命力量 ·········· 105

4.4 为军队文化建设探索了经验 ·········· 107

参考文献 ·········· 109
致　谢 ·········· 113

第 1 章 绪论

1.1 研究背景及意义

1.1.1 研究背景

"文化在战争中不仅是不可偏废的重要因素，有时甚至是决定性的因素。"[1]同样，文化对于军队建设也是至关重要的。留守部队是由于各种原因而没有走上前线进行战斗的武装组织，是在战争期间的一种特殊组织。留守部队作为军队的作战单位，要进行军事斗争准备；同时，在留守期间，又要完成非军事斗争如生产、整风和文化建设等其他任务。抗日战争时期的陕甘宁边区是人民军队自成立之日起为数不多的相对和平的区域，在相对和平的环境中开展部队的文化建设工作，成为军队建设工作的一个重要方面。同时，由于边区的政治、军事、文化实践是中国共产党政权施政的试验地，这也为后来的部队文化建设提供了经验。

当前，我国军队和国防建设正处于一个快速发展与变革的时期。在和平与发展成为时代主题的背景下，我国与周边国家爆发大规模战争的可能性较小，军队和国防建设拥有较为和平的外部环境，即军队建设中没有大的外部战争局面应对要求。但同时，我国军队建设还面临着和平环境下的新情况和新挑

---

[1] 张国祚，《中华战略文化与科学发展观》，载于徐根初主编《中华战略文化的传承与发展》，时事出版社，2008年版，第88页。

战，需要经常执行非战争军事行动任务。[1]在相对和平的国际国内环境下如何与时俱进地加强和改进军队的文化建设、军队文化建设应当坚持哪些原则、军队文化工作团体工作模式机制如何改进、军队文化工作者如何发挥作用，以增强部队的战斗力和凝聚力，这些是备受关注与亟待研究的课题。

本书立意的基础就是探究人民军队在相对和平的时代环境中如何做好文化建设，总结军队文化建设中的经验及作用，目的在于提高军队政治水平和作战能力，使军队更好地完成党赋予的各项任务。

1.1.2　研究意义

现实应用意义：本书的研究成果可以使读者更深刻地理解人民军队的性质、宗旨，探索人民军队在相对和平的国际国内形势下，如何做好部队文化建设工作，为指导部队的文化建设提供模式机制、方法途径等参照借鉴。

理论指导意义：探究军队政治建设与军事斗争的关系；探究军队的性质与文化建设之间的关系；丰富抗日战争时期人民军队文化建设研究成果。

---

[1] 2009年1月5日中央军委下发给部队的《军队非战争军事行动能力建设规划》中将非战争军事行动任务划分为反恐维稳、抢险救灾、维护权益、安保警戒、国际维和、国际救援等类型。

1.2 研究现状

1.2.1 国内研究现状

国内学界对抗日战争时期八路军的研究着重于对主力部队如第一一五师、第一二〇师、第一二九师等的研究，而对于留守部队的研究则相对较少。涉及留守部队的研究多为回忆录、部分细节考证以及对陕甘宁边区的研究等，对八路军留守部队文化建设系统研究成果不多。造成这种研究现状的原因有二：一是对留守部队研究重视程度不够；二是留守部队驻地较为分散，部队调动频繁，军队整编前后序列变化较大，给整体研究带来了困难。在已经发现的研究成果中，涉及留守部队文化建设的可以归纳为以下几个方面。

一是军队文化专题史研究以及八路军文化建设研究。如《中国人民解放军音乐史》《中国人民解放军舞蹈史》《中国人民解放军歌剧史》《中国军队报刊史》等专著。学位论文《抗日战争时期音乐在我军政治工作中的地位与作用》[1]从八路军在抗战时期"抗日""反顽"与"军队建设"三个重大任务方面论述了军队音乐与八路军政治工作的关系，其中部分内容涉及留守部队官兵中的音乐活动。论文《先进军事文化的德性价值——八路军部队文化工作特质研究》[2]重点论述了部队艺术学校为八

---

[1] 武丽娜，南京艺术学院硕士学位论文，2007年。
[2] 许福芦，《解放军艺术学院学报》，2011年第3期。

路军培养文化工作人才，并不断传承创新符合时代潮流的文化价值目标追求。

二是边区文化建设研究。较有代表性的有：论文《抗日根据地的文化建设及其特点》[1]从各个抗日根据地的文化社团、社会文化、教育事业、文学和艺术事业、新闻报刊和出版事业、医疗卫生事业、体育运动事业等方面论述了根据地的文化实践活动。学位论文《抗日战争时期陕甘宁边区文化建设研究》[2]从陕甘宁边区文化建设的自然、社会和政治经济环境出发，对边区文化建设的思想认识、具体举措、普通民众的文化活动进行了分析。学位论文《抗战时期陕甘宁边区文化建设研究》[3]从边区文化建设的重要性谈起，分析了边区逐渐形成发展的领导思想、工作作风、科学机构、文化团体、卫生事业、边区传媒等行业领域以及产生的作用，并认为正确的文化建设思想、党的重视、宽松的文化氛围、广泛的文化统一战线和政治、经济、文化协调发展是边区文化建设取得成就的原因。论文《局部执政时期中国共产党的执政文化建设研究》[4]第二部分论述了抗战时期中国共产党在边区局部执政时形成的思想文化、组织文化、制度文化和行为文化，认为这一时期是其执政文化初步建立的时期。《解放区抗战歌谣的艺术特点》[5]从抗战音乐的创作思想、艺术结构和艺术手法分析了抗战歌谣的艺术特点。

此外，2011年中国政法大学欧阳华的博士论文《抗战时期陕甘宁边区锄奸反特法制研究》涉及了留守部队锄奸工作部分

---

[1] 吴祖鲲,《理论探讨》,1995年第5期。
[2] 刘维民,贵州师范大学硕士学位论文,2006年。
[3] 喻志桃,广西师范大学硕士学位论文,2007年。
[4] 辛愿,《赤峰学院学报》,2012年第3期。
[5] 王兆辉、张冰梅,《解放军艺术学院学报》,2012年第1期。

并详细阐述了其工作机制和方法。在论文《陕甘宁边区军队民族宗教工作及其历史经验》❶中，作者从留守部队支持民族聚集区民族同胞开展自治政权建设工作、取缔各种邪教组织、遵行党的民族宗教政策等方面论述开来，继而从维护留守部队驻地的安全稳定的具体措施如争取民族进步势力、妥善处理涉及民族和宗教同胞的经济问题等展开，并对少数民族武装力量中开展的有关民族和宗教工作进行了考证和论述。在论文《抗日战争时期人民军队在三边地区开展民族宗教工作研究》❷中，较为详细地阐述了抗战时期八路军留守部队官兵在多民族杂居地区运用多种手段开展卓有成效的民族宗教工作的历史。《抗战时期陕甘宁边区留守部队供给问题探究》❸探究了部队的军饷、军粮等供给变化情况。

总的来说，国内全面系统涉及留守部队文化建设的研究成果尚未发现。

1.2.2 国外研究现状

笔者研究所及，国外关于本项课题的专门研究尚少，与之相关的有一些纪传体的回忆录及文学作品，如《来自红色中国的挑战》《北行漫记》等。

---

❶ 马永超，《西安政治学院学报》，2007年第5期。
❷ 王志平、马永超，《军事历史》，2010年第4期。
❸ 任盼盼，上海师范大学硕士学位论文，2008年。

1.3 相关概念界定

文化。关于文化的内涵外延纷繁复杂，定义也有狭义和广义之分。"文化"是一个社会性概念，从一般意义上讲，广义的文化指的是人类社会历史实践过程中所创造的物质财富和精神财富的总和。而狭义来讲，则主要指社会的意识形态，以及与之相适应的制度和组织机构。本书八路军留守部队文化建设中的文化属于狭义范畴，而且更为具体细致。

文化建设。文化建设即启蒙、建立、发展"文化"概念领域内的各种事业，如教育普及、文艺活动、科学探索、卫生体育进步、媒体宣传、干部培养、文化团体和组织制度建设等。

八路军留守部队。留守部队指的是不参加大规模作战的部队。在抗日战争时期，八路军留守部队主要有八路军留守兵团下辖的各个旅团单位，即未参加八路军直接对日作战的部队，从地域上指驻守于陕甘宁边区而未越过黄河对日作战的部队，从时间上指从八路军留守机构设立起至抗日战争结束。由于作战任务和建制序列的变化，八路军留守部队在不同时期主要队伍和称谓有所不同，主要有后方总留守处、留守兵团、保安部队等，以及陕甘宁晋绥联防军中的部分下辖军队等。

八路军留守部队文化建设涉及方面较多，有文学、艺术、教育、宣传、科技、医疗、思想等各个方面，本书着力寻找较为突出的方面进行论述和研究。

1.4 研究方法及创新点

1.4.1 研究方法

本书涉及马克思主义理论、军事学、社会学、政治学、文艺学等学科，因而需要综合运用与之有关的各种理论知识和研究方法。

历史分析法：本课题涉及的历史跨度较久，必须采取历史分析法，将相关原理贯穿于课题的研究中。军队作为党的阶级意志的重要构成，是党的阶级意志、理想、信念的重要执行队伍，而八路军留守部队文化建设也是抗日战争时期党的思想文化建设主张在留守部队内的具体实践。

阶级分析法：阶级分析法是观察社会、分析事物的一把利器。军队是阶级社会的产物，是执行政治任务的武装集团。在对留守部队文化建设的研究中，在考察民族矛盾与阶级矛盾的时候，不能不使用阶级分析的方法。

比较研究法：比较研究法是在相似或者相近的事物中寻找出异同点的研究方法，如此，可以对研究对象有更深的把握和认识。本课题将不同历史阶段留守部队文化建设的特点、方法、效果等进行比较。

文献研究法：文献研究法是研究有关历史课题必备的方法。在抗日战争期间，八路军留守部队存在的大量的文献资料需要研究者去整理、发掘和解读。

1.4.2　创新点

研究对象创新。将留守部队文化建设作为研究对象的研究成果还不多见，更缺少理论作品和成果。本课题有助于丰富该领域的研究成果。

1.5　本书结构

本书共分为4章。

第1章为绪论，主要论述留守部队文化建设研究的必要性、重要性和研究意义，即问题的提出；国内外学界对本课题的相关研究现状；并对书中核心概念的内涵和外延范围予以界定；明确本书的研究方法和手段。

第2章为八路军留守部队文化建设的基本情况。

第3章为八路军留守部队文化建设的特点。

第4章为八路军留守部队文化建设的作用。

第 2 章 八路军留守部队文化建设的基本情况

陕甘宁边区地处西北，位于陕西北部、甘肃东部和宁夏东南部的毗邻区域，北起长城、西接六盘山、南临泾水、东靠黄河，是土地革命战争时期创建的老根据地。在红军主力长征到达陕北后，这里就成为中共中央、中央军委的驻地。抗日战争全面爆发后，它是全国人民抗日的政治指导中心，是敌后抗战的指挥中枢和总后方。根据中国共产党抗日民族统一战线的总政策，1937年9月，陕甘宁边区苏维埃政府改名为陕甘宁边区政府，下辖23县，面积12余万平方千米，人口约200万。

抗日战争时期，留守部队在党中央、中央军委和八路军的领导下，按照中央关于文化建设的要求和方针、结合部队自身建设发展的实际情况，从多方面扎实地开展了文化建设。

2.1　留守部队的建立与沿革

国际方面，1936—1937年，德国、意大利和日本相互勾结，签订"反共产国际协定"，第二次世界大战正在酝酿之中。国内方面，1937年7月7日在卢沟桥爆发了"七七事变"，日本全面侵华战争开始，抗日救国成为国内政治的主题，国共合作共同抗敌成为时代的必要。组建成立八路军留守部队也是和这一时期国际国内的政治军事形势分不开的。

日本侵华战争全面爆发后，国共两党为应对日本全面侵华、争取抗日战争的胜利开始了第二次合作。军事力量的领导及建立全国性抗日军事体制是国共两党第二次合作的重要内容，在双方的斗争及商讨下，最终达成协议——共产党领导的红军主力列入国民革命军序列，改编为国民革命军第八路军。

1937年8月22日，国民党政府军事委员会发布了这项命令。三日后，8月25日，中国共产党中央军事委员会也发布了改编令，并对改编后军队的具体机构设置和人员分工进行了明确。❶在国共下达的两道关于工农红军改编命令之间的四天时间内，中共中央在洛川县召开了一次非常重要的政治局扩大会议，议题就是"研究确立军队开赴前线与国民党军队共同抗日的政治、军事等一系列的方针政策"❷。在这次会议上，毛泽东提出"红军主力全部出动要依情况决定，要留一部分保卫陕甘宁边区"❸，并确定了组建留守部队。其原因如下。

首先是国共两党形势任务的需要。在洛川会议上，毛泽东反对王明提出的"将党中央搬到武汉去"，认为国共两党既需要合作，但仍有斗争的形势。国共合作后，党中央、陕甘宁边区、边区群众仍然面临严峻的安全威胁，在红军主力上前线抗日后，边区武装力量锐减，成立留守部队是保卫党中央、边区政权和群众的需要。

其次是战场局势的需要。当时边区的军事政治形势是：东面是侵华日军，北面、西面、南面是国民党部队东北军和西北军。其中边区东面的黄河河防尤为重要。黄河流经陕甘宁边区边境有三百余里，太原失守后，日军企图向西进攻，侵占延安，这就需要边区有一支武装力量来保证黄河河防安全。

---

❶ 中国工农红军第一、第二、第四方面军改编为国民革命军第八路军（简称"八路军"），红军前敌总指挥部改编为八路军总指挥部，朱德任总指挥，彭德怀任副总指挥，叶剑英任参谋长，左权任副参谋长，任弼时任政治部主任，邓小平任副主任。下辖三个师和总部直属队。1937年9月11日，按全国统一的战斗序列，八路军改番号为第十八集团军，朱德、彭德怀由正、副总指挥改称正、副总司令，但八路军的称号仍被广大指战员习惯地沿用。

❷ 肖劲光，《肖劲光回忆录》，解放军出版社，1987年版，第201-202页。

❸ 中共中央文献研究室编，《毛泽东年谱（1893—1949）》（中），中央文献出版社，2005年版，第15页。

最后是战略战术的需要。战场需要一定的后方作为回旋的余地，为前线提供稳定的补给，并承担保证士兵补充与训练、干部教育培养等任务，这就需要一个稳定的组织来落实并完成这些任务。成立留守部队正是基于以上各方面的考虑。

由于不断变化的战争形势和军事任务，留守部队的人员、编制和构成在抗日战争期间也有较大的变化，主要沿革有以下几个方面。

一是成立八路军后方总留守处。洛川会议决定在延安组建成立直属中央军委的八路军后方总留守处，统辖从三支主力部队抽调❶留守边区的官兵以及陕北的地方武装部队。建立了留守处的组织机构和机关编制，并由肖劲光担任留守处主任，曹里怀和莫文骅分别担任参谋长和政治部主任。又依据各个部队的驻地形势将留守处分为东地区留守处和西地区留守处。

二是成立八路军留守兵团。八路军后方总留守处成立后，留守部队有了统一的领导机构，但是由于每个部队的情况不同，需要迅速地统一思想、开展训练、完成任务，这就需要加强对留守部队的管理和指挥。同时，由于留守的部队来源不同，任务各异，彼此番号较为杂乱，隶属关系不明晰，不便于统一集中行动。因而，形成统一的指挥体系和一致的编制体制成为部队建设的必然。因此，1937年12月召开了第一次兵团首长会议，将八路军后方总留守处改称留守兵团，成立精简有效的兵团机关，取缔了原留守部队的混乱番号，撤销了东、西地

---

❶ 第一一五师炮兵营、辎重营，第一二〇师第三五九旅第七一八团、特务营、工兵营、炮兵营、辎重营，第一二九师第三八五旅旅部和第七七〇团、特务营、工兵营、炮兵营、辎重营等共9000余人。

区留守处，统一了兵团编制。[1]此后，由于形势任务的变化，边区保安司令部[2]、八路军总部炮兵团[3]、三五九旅[4]等相继划归留守兵团，留守部队实力进一步增强。

三是留守兵团的撤销与陕甘宁晋绥联防军的成立。随着战争形势的变化，尤其是晋西北根据地的发展壮大，陕甘宁边区逐渐与晋西北根据地连接成片。为了加强陕甘宁边区和晋西北根据地的统一兵力运用，1942年5月12日，中央决定成立陕甘宁晋绥联防军司令部，统一指挥陕甘宁边区和晋绥根据地的武装力量，后联防军司令部与留守兵团司令部合并（对外仍保留留守兵团司令部名义），后又成立了联防军政治部和后勤部等机关，陕甘宁边区的驻防区域也划为陇东、关中、延属、绥德、三边5个警备区，留守兵团的各个部队根据形势进行了调整，直至抗战胜利。

边区歌曲中唱到"黄河水，长又长，八路军，战斗、生产、学习忙"。这是对留守部队任务的真实写照。

---

[1] 肖劲光，《肖劲光回忆录》，解放军出版社，1987年版，第208-209页。记载本次整编"将留守部队编为：警备一团，团长贺晋年，政委钟汉华；警备二团，团长周球保，政委甘渭汉；警备三团，团长阎红彦，政委杜平；警备四团，团长陈先瑞，政委刘国桢；警备五团，团长白志文，政委节宗贵；警备六团，团长王兆相，政委张达志；警备七团，团长尹国赤，政委刘随春；警备八团，团长文年生，政委帅荣；七七〇团，团长张才千，政委肖元礼；绥德警备区，司令员陈奇涵，参谋长毕占云。全部队共一万五千余人"。

[2] 1937年8月15日，陕甘宁边区成立保安司令部，统一指挥陕甘地方部队和自卫军。1938年4月，中共中央革命军事委员会决定将边区保安司令部及其属部统归八路军留守兵团指挥。

[3] 1939年7月，八路军总部炮兵团拨归留守兵团建制，随后与富甘独立营合编为留守兵团直属特务团。

[4] 1939年10月，第三五九旅奉命率第七一七团、第七一八团由晋察冀边区返回陕甘宁边区，接替绥德警备区防务，并归留守兵团指挥。

2.2　留守部队文化建设的基本内容

中国共产党领导的军队在建军之初就非常重视文化建设。

1927年底,中国共产党创办了工农革命军军官教导队,集中工农革命军和地方赤卫队的优秀人员进行学习,毛泽东在开学典礼上说,"从今天起,你们就要在这里学政治、学军事、学文化。人,不是在娘肚子里就懂马列主义、用兵打仗的,所以要学习"。在培养红军干部的同时,对士兵的文化培养也很关注。1928年11月《红军第四军第六次党代表大会决议案》就决定要"分期举行士兵识字运动"。而《古田会议决议》将军队中的文化工作提高到了新的认识水平,提出"红军的宣传工作,是红军第一个重大工作",《古田会议决议》对红军文艺宣传工作的地位、作用等作出了明确规定,使得军队中的文化工作开始走上了有组织、有计划的制度轨道。

井冈山根据地开辟以后,出于宣传群众、动员群众、组织群众的需要,部队"每逢打了胜仗,进一城,占一镇,总要召开群众大会,祝捷大会,演几台话剧"[1],这样,红军中的化装表演逐渐流行开来。受到红军的影响,各红色政权的区域都先后成立了俱乐部等文化团体。在红军和地方政权的支持下,群众性的戏剧活动也广泛地开展起来。在开展文化活动过程中,红军注重从革命的现实出发,并注重运用民间的文艺形式。高尔基戏剧学校建立后开设了红军班和地方班,红军班

---

[1] 江西师范大学中文系苏区文学研究室,《江西苏区文学史》,江西人民出版社,1984年版,第122页。

的开设，为部队培养了大量的文化宣传人才。这些人才又通过军队将中国共产党的思想主张以文化活动的形式传播到红军行动的地方。红四方面军总政治部还成立了蓝衫剧社等文化组织。同时，由于斗争的需要，各种艺术手段都被红军利用了起来，如民歌、标语、楹联、诗歌、漫画等，都成为红军的宣传手段。

在土地革命时期，苏区就在根据地施行了完全免费的学校教育，并且在群众教育中广泛开展了识字运动。红军战士利用各个时机不断提高自身的文化水平，尤其是认字能力，"只要有三天驻军以上的时间，墙报、识字课、讨论会等，大都能自动举行，不识字的现象，消灭得很快，文化水平一天天提高"[1]。红军不仅努力提高自身的文化水平，还利用作战休息、驻地等时机，帮助地方群众提高文化素质。埃德加·斯诺在《西行漫记》中记载，当红军"从兴国撤出时，文盲已经减少到全部人口的20%以下"[2]。

长征中，每当红军占领一个县城后，随即大张旗鼓地采用标语、漫画、传单、布告等形式开展宣传工作，帮助地方群众建立各种革命群众团体，努力扩大红军队伍。在流动作战中，红军战士采用石刻、木刻、竹刻等能长时间保存的手段传播马列主义，并加紧提高战士的文化水平。红军总政治部和各军团利用一切机会印刷报刊，其中红军总政治部《红星报》一直坚持出版。其他如《前进报》《战士报》等也坚持印刷，中国工农红军学校也出版《红炉》及《红炉副刊》等报纸杂志。

---

[1] 江西省档案馆选编，《湘赣革命根据地革命史料选编》（上册），江西人民出版社，1984年版，第411页。

[2] 埃德加·斯诺，《西行漫记》，三联书店，1979年版，第211页。

长征结束、抗日战争开始后，中国共产党不仅在军事斗争上武装反抗日本帝国主义，而且在文化阵地上也广泛实际地反抗日本帝国主义。

抗战时期，中国共产党领导的人民军队在同敌人作战时，战斗的性质、规模、方式、手段等方面相较之前发生了巨大变化。尤其是统一战线的确立，使得军队的各方面也相应地发生了变化。留守部队的文化建设是同整个抗日目标相一致的，是同抗日文化相一致的，是抗战文化的重要组成部分。它继承了自建军以来就重视文化建设的传统，并根据所处的特殊环境（大后方相对和平）和任务要求有计划、有组织、全方位、多方面地进行部队的文化建设。

军队同其他组织一样，需要不断加强文化建设，以促进其健康成长，并与其他组织一同服务于抗战总目标。正如毛泽东所说："我们建设抗日根据地，没有文化不行。军队需要文化，才能战胜旧军队。战士没有文化，不可能提高战斗力。"❶

留守部队在逐步稳固边区环境的基础上，通过普及科学文化知识、健全文化机构团体、开展新闻宣传等文化措施，增长了官兵的文化知识，提高了其政治觉悟和领导水平，并与边区政府和人民相互帮助、共同提高，对军队、党组织和根据地建设起到了巨大作用。文化建设与军事建设、政治建设一同构成了边区留守部队建设的内容，并配合着前方部队以及根据地群众的其他各项工作，共同组成强大的抗战力量。

---

❶ 张希贤、王宪明、张伟良，《毛泽东在延安——关于确立毛泽东领导地位的组织人事、理论宣传和外交统战活动实录》，警官教育出版社，1993年版，第118页。

2.2.1 传播科学文化知识

1. 文化教育普及

旧中国长期战乱、军人的来源多为农民等客观原因造成了中国军队中官兵文化水平普遍较低的状况，抗战初期的留守部队也是如此。正如当时留守陇东地区的第七七〇团团长所说，"说实在的，像我们这些红军干部，绝大多数都是从农村来的穷苦人，一般识字都不多。就是识些字的同志，真正在正规学校念过书的人也是少数。多数人是在参加红军后，利用战斗间隙学了几个字。能够认准班排连里人员的名单，就算甩掉了文盲的帽子"❶。为了了解本团官兵的文化水平情况，第七七〇团在1938年初对全团的文化情况进行了摸底，"其结果是：全团一千七百零九人中，没有一人上过高中、大学。相当于初中文化水平的才12人，读过半年书到高小毕业的人，也不足百分之十。完全靠自学认识百十个字的半文盲接近七分之一。其余的人，或只认得自己的姓名，或是全文盲"❷。一位读了相当于初中的半年补习班的同志是当时整个团里文化程度最高的了。

而在团里担任一定职务的军官队伍中，文化水平情况亦同样不容乐观。据统计，当时的情况是六成以上的干部没有读过书，上过小学的不到三成，接受过中等教育的仅一成，而主管政治工作的部分指导员竟然是文盲，在开展政治教育中由战士

---

❶ 张才千，《留守陇东》，甘肃人民出版社，1984年版，第79-80页。
❷ 张才千，《留守陇东》，甘肃人民出版社，1984年版，第81页。

读书报，自己来解释。❶如果说官兵文化程度低是由客观的历史条件造成的，那么留守官兵主观上存在的对文化学习的错误认识则是阻碍文化学习更大的障碍。"有的干部甚至不以没文化为耻，反以为荣，公开地说：'打敌人又不要笔杆子！''我没有文化一样打仗，一样工作。'还有的干部则说：'我又不想当中央领导，学文化干什么！'"❷

如何改善文化基础极其薄弱的现状？留守部队成立之初，部队首长就非常重视部队官兵的文化知识普及与学习，提出学习要求、订立学习目标，各基层单位采取多种多样的措施鼓励、指导、督促官兵学习，官兵也因地制宜创造出多种学习方式，不断促进部队整体文化水平的提高。

1937年底，留守兵团成立后，尤其是在第一次党代会上对文化教育提出具体要求后，各基层部队就开始着手加强部队的文化知识普及。1938年初，第七七○团团长张才千从延安返回团驻地，在传达了会议精神后就"决定开展留守陇东以来的第一次大规模的政治教育活动，即文化学习运动"❸。

第三八五旅确定"整个冬天就以文化学习为主，来带动改编后部队到达新防区的其他各项工作"。战士朱占国，入伍时是文盲，经过刻苦学习，"成为某团文化学习的模范者，入伍时一字不识，二年半的时间认识了三千多个生字，他现在可以看《战声报》《边区群众报》《解放日报》，也能阅读。……他每天

---

❶ 莫文骅，《莫文骅回忆录》，解放军出版社，1996年版，第378页。记载："据统计，当时兵团排以上干部中，受过中等以上学校教育的占10%；上过小学的占28%；未念过书的占61.5%，有的连队竟找不到笔墨，有的指导员不识字，上课时由文书读一段，指导员解释一段。"

❷ 张希贤、王宪明、张伟良，《毛泽东在延安——关于确立毛泽东领导地位的组织人事、理论宣传和外交统战活动实录》，警官教育出版社，1993年版，第115页。

❸ 张兵编著，《缅怀与传承——开国将军张才千的指挥艺术探析》，国防大学出版社，2011年版。

负责教会全班同志五个生字,全班同志选他为学习小组长,军人大会上选他为俱乐部学习委员"❶。警四团"开展了学习文化活动,各营连都配有专职文化教员,使战士们能看报,能写信,摘掉了文盲帽子"❷。

留守部队采取多种方法营造官兵的学习气氛。1941年"留守兵团政治部号召全体指战员写作'留守兵团的一日',这'一日'定于九月十五日,所有部队人员,无论是指挥员、战斗员、或政工人员,都一律参加,文章形式不拘,内容以本日内各个人的战斗、生产、学习等生活为范围。该部并责成各级政治工作机关应保证这一运动的胜利完成。并对所有文章一律发给稿费"❸。

为了推动官兵文化学习的进一步发展,留守兵团将1942年定为"文化运动年"。官兵在文化运动年中努力学习各种文化知识,取得了较大成效。"'留守兵团文化运动年'也在新正驻军某团,获得成效,该团在日前积极准备过冬(烧木炭、割马草等),但仍抓紧时间,进行着各种政治、文化教育(排以上干部的政治教育也已改学整风文件)。由于文化教育干部的缺乏,各营普遍地采取着'部队小先生制'的办法,甲组课由营教育干事讲授,乙组教员则由甲组(多半系连指导员)担任,至于丙丁两组教员,大多为文化程度较高的班排长以及一部分战士(均系乙组课的学生)担任。甲组可做简短的文章,乙组学完了新千字文二册,丙丁两组以认字为主,其中丙组已读毕识字课本第一册。算术课甲组已开始学习多位的除法,乙组正练习乘

---

❶《解放日报》,1942年8月28日,第2版。
❷ 陈先瑞,《陈先瑞回忆录》,解放军出版社,1999年版,第193页。
❸《解放日报》,1941年8月29日,第2版。

法，丙丁两组分学加减法，并在数月内的学习中，克服了最初阶段大部分战士的错误观念——算数对自己没有得用，太难学、无信心以及感到枯燥无味等。自然常识课，因为教员与教材的缺乏，因而除甲组之外，进行颇为困难（大部分工农分子的教员缺乏自然常识）。目前战士中的政治教育，各营特别强调精兵问题，同时并着重于时事教育，对于党中央及上级军政机关的重要决定，也均有专人报告，有组织地进行讨论。俱乐部组织，各连亦颇健全，在每日游戏时间内，球类、棋类、扑克等娱乐，调剂着战士们紧张的生活；上月份各连并以'精兵'为中心，出版了一次壁报。"❶《解放日报》1942年7月6日第2版撰《他们一手握枪一只手提起了笔——文化运动年中的战士学习日记》，记录了战士学习文化期间经历的学习、测验、考试等环节以及取得的进步。

在学习中，留守部队的官兵因陋就简，没有纸笔就用沙盘或泥土为纸张，用树枝木条作为笔具学习。

经过留守兵团各级官兵的努力，官兵文化程度有了大幅提高。同样是第七七〇团，到1942年下半年再次对部分连级干部抽查文化水平时，结果已经大有改观，不仅所有干部识字水平大有提升，达到两千以上，而且三成以上的干部"能写简单报告"并"具有初步的阅读能力"。❷部队中的干部文化水平有了提升，战士的水平同样也在快速进步。1944年，第三五九旅旅长王震在与中外记者团记者交流中讲到，"使他特别自豪的是在教育领域取得的成就。……由于每天上读写课，现在百分之八十的战士能读一般的报纸，剩下的百分之二十多半是新兵，认

---

❶《解放日报》，1942年11月15日，第2版。
❷ 莫文骅，《莫文骅回忆录》，解放军出版社，1996年版，第379页。

识100到500个汉字,足以读懂特别简单的前线战报"❶。到1944年底,陕甘宁边区副主席李鼎铭在边区参议会的发言上讲道:"留守兵团战士的文化,已有显著的提高。据去年春季统计,识一百字以上的占27%,五百字以上的20%,能看能写的24%。今年更当有提高。"❷

边区政府要求"在没有学校教育的地方则应发动政府机关、驻军、合作社、变工队及其他热心分子领导成立识字组、夜校、冬学等学习组织"❸。留守部队主动作为,在做好官兵文化教育工作的同时,还积极配合整个边区,帮助地方干部和群众做好社会教育。军队利用行军驻扎的时机,帮助地方政权开展各种社会教育活动,以此提高人民群众的知识文化水平。边区政府主席林伯渠曾说道:"部队机关人员,对社会教育的推动,曾有很大帮助。"❹

2. 军队干部培养

抗日战争时期,中国的教育格局变为沦陷区教育、国统区教育和边区教育三种情形。边区教育包括此阶段由中国共产党领导和控制的陕甘宁边区政府及敌后抗日革命根据地内所开展的教育活动。在这个时期,中国共产党及其政权在教育理论方面从工农性质共产主义教育转变为新民主主义教育。❺中共六届

---

❶ 哈里森·福尔曼著,路旦俊、陈敬译,《北行漫记——红色中国报道》,湖南出版社,1993年版,第48页。

❷ 教育科学研究所筹备处编,《老解放区教育资料选编》,人民出版社,1959年版,第48页。

❸《关于培养知识分子与普及群众教育的决议》(1944年11月6日陕甘宁边区文教大会通过,边区二届二次参议会批准),原载于1945年1月10日《解放日报》。

❹ 林伯渠,《陕甘宁边区政府对第二届参议会的工作报告》,1941年11月。

❺ 高华,《革命大众主义的政治动员和社会改革:抗战时期根据地教育》,载于杨天石、黄道炫编《战时中国的社会与文化》,社会科学文献出版社,2009年版,第41页。

六中全会通过了《实行国防教育政策，使教育为民族自卫战争服务》的决议，规定了教育为抗日战争服务、教育与生产相结合的方针。边区政府根据党的决策指示和边区的实际情况及建设边区的总任务，规定教育总的实施方针是"第一在职干部教育，第二学校教育，第三社会教育，第四国民教育"[1]。将包括军队干部在内的干部教育放在教育方针的首要位置，这是基于对"政治路线确定之后，干部就是决定的因素"[2]的认识。

因此，中国共产党领导的边区政府和其他根据地在干部教育方面投入了极大的力量。其中，1945年边区的教育投入占财政的1/4。[3]干部教育主要从两方面开展，一方面是干部的在职教育，另一方面是包括开设地方干部培训班的学校教育。

在留守兵团"十二月会议"上，毛泽东主席给留守部队就制定了"积蓄与培养干部"的任务，军队干部教育培养工作被确定为留守部队的一项重大工作。

"没有文化的军队是愚蠢的军队，而愚蠢的军队是不能战胜敌人的。"[4]在这个判断之下，抗日战争中军队干部的教育培养就成为干部教育工作的重中之重。在抗战期间，仅延安就设立了不少专门培养军队干部的学校。留守部队不仅自己筹建军事院校，而且还选送优秀指战员到其他干部学校深造学习。

"毛主席在接见三八五旅负责同志时，针对当时某些高级干部认不了几个字的现状，发表了意义深刻的讲话，指出：过去打

---

[1]《陕甘宁边区教育厅指示各县关于一九四三年教育工作中的几个问题》，载于中央教育科学研究所编《老解放区教育资料》（二），教育科学出版社，1986年版，第91页。

[2]《毛泽东选集》（第二卷），人民出版社，1991年版，第526页。

[3] 陕甘宁边区财政经济史编写组、陕西省档案馆编《抗日战争时期陕甘宁边区财政经济史料摘编》（第6编），陕西人民出版社，1981年版，第473页。

[4]《毛泽东选集》（第三卷），人民出版社，1991年版，第1011页。

仗，冲冲杀杀的，没有文化都可以糊弄一阵子；如今革命深入了，要建立政权，要有一套掌握政权的理论，要有管理制度，'大老粗''老把式'不行啊，老是文盲、半文盲不行啊！他还说：宁肯放下工作，也要送人去学习，每个高级干部都要进学校，中下层干部，包括马夫、炊事员、战士，都要进行严格的训练。"❶

　　留守部队在具体的干部培养中，注重加强组织领导。各单位都建立了教育组织，如教育委员会、教育小组等，在部队中形成了教育网络，起到了一级带动一级的效果。❷同时，注重创造有利条件促进干部成长。首先，根据干部的文化水平、斗争经验、职务等分类分层学习不同文化和理论知识，帮助干部系统学习，不断进步。其次，建立学习制度，督促在职干部每天学习，循序渐进。最后，建立轮训制度，保证干部全训。不仅在兵团层面上开设"军政研究班"，而且各旅、各团都开设各种训练班、培训班或者教导队，轮训各级干部；对于部分高级干部，还将其选送到马列学院、中央党校等高级学校进行培训；同时也将部分干部选送到抗日军政大学、陕北公学、安吴堡青年训练班等❸，达到了有计划地、最大限度地训练干部的目的。经过各种层级的培训和日常在职学习，留守期间，干部的文化知识水平、业务技能、军事素质和理论水平都不断提高，这也达到了"储蓄和培养干部"的任务要求。

---

❶ 张才千，《留守陇东》，甘肃人民出版社，1984年版，第89页。
❷ 莫文骅，《莫文骅回忆录》，解放军出版社，1996年版，第377页。
❸ 莫文骅，《莫文骅回忆录》，解放军出版社，1996年版，第379页。记载："兵团一方面抽调干部到学校学习，如送马列学院的有30人，送中央党校的70人（旅团级），送抗大学习的有1092人，还有的送到陕北公学、安吴堡青年训练班等。另一方面兵团自己办学，短期轮训干部，如各团开办教导队，培训班长、老战士，每期一年；各旅开办连排干部轮训班，每期半年，以上两项共培训班、排、连干部1845人；兵团开办军政研究班，每期半年到8个月，共培训营以上干部349人。"

2.2.2 建设体育卫生事业

1. 科学饮食与身体健康

身体是革命的本钱,身体健康才能有战斗力,去完成各项留守任务。留守部队在驻守陕甘宁边区期间,就十分重视革命官兵的身体健康。科学饮食则是保证官兵身体健康的第一重要因素,如何在达到改善官兵饮食条件的同时又能节约食材,这是留守部队领导经常思考的问题。驻守陕北的第三五九旅旅长王震就曾专门召开干部会议,研究解决如何实现"改善伙食""增进军人健康"和"粮食节约"三者的平衡,并在会后示范做饭方法,"以保证全体指战员在持续劳动中的身体健康"❶。王震自己说:"有一本关于营养学的书,是我从一个日本人那里缴获的,当时由于某种原因留做纪念,现在却变得相当宝贵。它给我介绍了神秘的热卡、维他命和蛋白质,这是对我们健康特别有益的重要知识。要知道,我们不能从外面得到药物,1939年以来,国民党对我们边区一直实行军事和经济封锁,我不得不尝试改善营养,来保证士兵的健康。"❷其实,不仅是王震,留守边区的其他部队同样也是如此重视官兵的饮食和身体健康。1944年,中外记者团参观边区的时候,外国记者福尔曼讲道,"我在中国已很久,看见过很多中国军队,这是我看见的营养最好的军队"❸。

---

❶《王震传》编写组,《王震传》,人民出版社,2008年版,第125页。
❷ 哈里森·福尔曼著,路旦俊、陈敬译,《北行漫记——红色中国报道》,湖南出版社,1993年版,第42页。
❸ 哈里森·福尔曼著,路旦俊、陈敬译,《北行漫记——红色中国报道》,湖南出版社,1993年版,第45页。

2. 体育运动

在留守以前，部队长期战斗、行军，没有充分的时间、固定的地点以及稳定的食宿保障来进行系统的体育锻炼。而在留守驻扎后，各部队的驻地相对固定，开展体育锻炼的各项因素就成熟起来。在留守部队，各单位相继建起了运动场，并进行跳高、跳远、爬障碍、单双杠、游泳等体育锻炼。有的部队开始系统地组织体育锻炼，"他们从每一个连派出一个人，组织一个体育训练班，有计划地进行体育教育活动……（并组织）八一运动会"❶来督促检验训练效果。

庆环分区五大队"在整训期间，每天下午进行体育活动，项目有跳木马、打篮球、下象棋、翻单双杠、抱碌碡、抱石条、翻锯齿墙、过独木桥、着装赛跑等。同年'五一'节，五大队开展了射击、投弹、500米赛跑、爬山、打篮球、队列等项目的竞赛活动"❷。驻守陇东的第七七〇团"每逢'五一''八一'、春节来临，部队就进行多种形式的比赛……开展的体育项目共有3类26项：竞技体育有田径、篮球、体操、武术、中国象棋；军事体育有射击、投弹、刺杀、爬越障碍、天桥、吊环、浪桥、平台、木马、翻钢架、吊臂、着装赛跑等；民间体育有摔跤、掰手腕、掀碌碡、拔河、举石块、击沙袋、爬杆、打秋千、游戏等"❸。第三八五旅"在最苦的阶段，旅部篮球队一直保留不散，战事越紧张，训练越刻苦，因而技术水平不断

---

❶《解放日报》，1942年9月20日，第2版。
❷甘肃省地方史志编纂委员会、甘肃省体育志编纂委员会编纂，《甘肃省志》(第六十八卷，体育志)，甘肃人民出版社，1997年版，第634页。
❸甘肃省地方史志编纂委员会、甘肃省体育志编纂委员会编纂，《甘肃省志》(第六十八卷，体育志)，甘肃人民出版社，1997年版，第635—636页。

得到提高"❶。

由于技术提高、形势稳定，各留守部队开始组织较大规模的运动会。"1937年11月，三八五旅在庆阳县城小南门外大操场举行全旅运动会。大会对优胜者分两种形式奖励：一种是荣誉奖，好的坐'飞机'，差的背乌龟；另一种是物质奖，有毛巾、笔记本、铅笔、背心、肥皂等。"❷

经朱德总司令建议，1942年9月举行边区扩大体育运动会。朱德认为："我们运动会的目的，在于强身健体，以及提高技术两项，所谓提高技术，并非狭义的仅作球艺而论，而是说：在使身体强壮过程中，创造出许多办法，而为将来训练大批军事技术人才之准备。在延安举行的运动比赛，决不是锦标主义，斤斤于技术之高低，战胜与战败，望各机关、部队、学校诸同志，不要好胜心太强，应当沉着。技术低的人应向技术高的人学习，只有技术提高了，才能得到最后胜利。在运动场上，更要服从裁判命令。"❸运动会从1942年6月即开始筹备，留守兵团参谋长曹里怀担任筹备委员会委员，运动会设球类、田径、军事、游泳、表演5大项目。

为备战"九一"边区运动会，留守兵团各部队采取多种方法加强官兵体育锻炼。第三八五旅决定"从七月到八月卅一为分区体育教育突击月……各团（除）根据边区运动会筹备会提出的比赛项目挑选四人集中训练外，其他不论任何军事干部、勤务人员均应参加体育教育……并尽可能建一完备

---

❶ 甘肃省地方史志编纂委员会、甘肃省体育志编纂委员会编纂，《甘肃省志》（第六十八卷，体育志），甘肃人民出版社，1997年版，第636页。

❷ 甘肃省地方史志编纂委员会、甘肃省体育志编纂委员会编纂，《甘肃省志》（第六十八卷，体育志），甘肃人民出版社，1997年版，第639页。

❸《解放日报》，1942年8月31日，第2版。

运动场……（锻炼时）应注意战士的体力疲劳，开始不必过于激烈，逐渐锻炼其运动力，给养方面应尽量改善，按情形增加伙食费"❶。警备X团决定"从七月二十五日到八月二十五日为军事体育突击月……并规定所有干部——特别是直属队之干部一定要与战士们一起参加准备与练习"❷。驻军X团决定"八月一日举行团的运动会，进行各项运动竞赛，并选拔参加延安九月运动大会的选手"❸。本次边区运动会参赛运动员有1000多人，留守兵团的战士还进行了骑术表演、武装渡河表演等，留守兵团司令部近战队取得了男子排球赛冠军。❹运动大会结束后，组织方还举行了盛大的表彰仪式来奖励获奖单位和个人。

由曾担任留守兵团烽火剧社社长的安波作词、马克作曲的《九一运动会歌》也开始传唱起来："民族的健儿，革命的勇士，咱们一显好身手，叫国际强盗血腥的法西斯在我们面前发抖，爬山的登高峰，赛跑的占前头，射击的瞄好准，投弹的猛里投，看司令台上朱贺将军，他指挥我们前进。民族的健儿，革命的勇士，咱们一显好身手，让国际青年反侵略的战友向这里欢呼拍手，在水里像蛟龙，在路上像猛虎，优胜的不自骄，失败的不低头。看司令台上朱贺将军，他指挥我们前进。"❺

边区运动会前后，边区各地的驻军分别又举行了运动会。关中警备司令部"定于今年（1942年）双十节，在马兰召开各团运动大会，以造成学习体育技术与战术的热潮，并借以总结全年教育工作成绩，和初步统一各部队军事教育，以达到部队

---

❶《解放日报》，1942年7月31日，第2版。
❷《解放日报》，1942年7月31日，第2版。
❸《解放日报》，1942年7月31日，第2版。
❹《解放日报》，1942年9月6日，第2版。
❺《解放日报》，1942年8月31日，第2版。

战斗力的提高"❶。甘谷驿驻军医院开展了运动会，比赛项目有跳高、跳远、投弹、百米等项目。❷曲子驻军开展文化学习、整风运动和体育运动竞赛。❸

此外，各部队还根据自己驻守地域、社会环境和地形条件等不同因素因地制宜开展体育活动。驻守盐池的警备八团和警备队进行木马训练时，"战士因陋就简，用砖砌成一个像木马样子的砖墩子，进行训练。砖墩子用泥土垒起，战士在练习过程中经常将砖木马推散了，再砌好，重新训练"❹。将民间体育活动引入体育训练，增加趣味。"爬'木城'本是回族一项民间传统体育活动，后来在盐池革命根据地部队里也开展了起来。'木城'是用长4米、宽3米的粗木料制成木框，中间以横木数根相隔，如梯墙状，固定在地面上。比赛爬'木城'时，参赛者在规定的距离之外，听到号令后立即向木城蜂拥而上，以谁先爬到木城顶端为胜。这种攀登活动，主要是培养战士勇敢顽强的精神，增强上肢和下肢的力量。"❺赛马作为西北地区民族喜爱的活动，也引入了部队的体育活动中，据载"赛马活动在盐池革命根据地部队里很盛行"❻。

经过长期的体育锻炼，官兵的身体素质、军事技能都得到了稳步的提升，锻炼身体、科学训练的观念也逐渐牢固地树立了起来。

---

❶《解放日报》,1942年9月6日,第2版。
❷《解放日报》,1942年9月14日,第2版。
❸《解放日报》,1942年9月27日,第2版。
❹宁夏通志编纂委员会,《宁夏通志》(第二十卷,卫生体育卷),方志出版社,2007年版,第641页。
❺宁夏通志编纂委员会,《宁夏通志》(第二十卷,卫生体育卷),方志出版社,2007年版,第641页。
❻宁夏通志编纂委员会,《宁夏通志》(第二十卷,卫生体育卷),方志出版社,2007年版,第641页。

3. 医疗卫生事业

抗战前,边区的卫生条件极为落后,医疗力量极为薄弱。"巫神可以治病,是落后民众间的普遍信仰。差不多各地都有,但是陕北的巫神具有特别权威,在缺乏卫生设施的乡村,他几乎包办了民间的'医药'。"❶红军主力到达边区后,边区缺医少药的状况才有所改善。抗战时期,留守部队不仅加强和改善部队中的卫生状况,而且积极为地方群众提供医疗卫生力量,帮助群众去除病痛,改善卫生状况。

当时,八路军留守兵团下属的卫生医疗机构有八路军留守兵团野战医院、卫生部门诊部及各分区部队医院,这些机构和工作人员为陕甘宁边区的医疗卫生事业改善发展作出了巨大的贡献,加深了军民鱼水之情。

留守兵团卫生部门重视医疗人才培养,外国医学专家马海德❷、叶华❸等人被邀请到部属医院驻诊,并选送兵团卫生部门曾玉生❹、李资平❺、靳来川❻、潘世征❼等人在外国专家阿洛夫、白求恩等专家身边学习医学,还定期邀请专家到所属医院讲课授业。留守部队注重帮助边区群众提高卫生水平和观念。

---

❶ 赵超构,《延安一月》,中国国际广播出版社,2013年版,第175页。
❷ 马海德,曾在留守兵团卫生部门诊部驻诊。
❸ 叶华,曾在留守兵团卫生部门诊部主持育婴室。
❹ 曾玉生,湖南溆浦人,1913年生,曾任留守兵团卫生部副部长,后担任云南省委委员,政协副主席。
❺ 李资平,广东广州人,1910年生,曾任留守兵团卫生部部长,后担任北京医学院党委书记。
❻ 靳来川,河南获嘉人,1912年生,曾任留守兵团野战医院院长,后担任总后勤部卫生部部长兼总医院院长。
❼ 潘世征,湖南宁乡人,1916年生,曾任第三五九旅卫生部部长,后担任军事医学科学院副院长。

据《陕西省志》记载，分散在边区的留守兵团下属"17个医疗基地"形成网络保障边区军民，成立于1940年的留守兵团野战医院到建院2周年时已经"为老百姓免费治病1300人"，兵团直属队还举办药材展览供群众学习参观。❶第三八五旅于1940年在庆阳"城西麻家湾办起了野战医院，内有德国大夫米托，他艺术高明，颇受群众欢迎"❷。1944年6月，《解放日报》报道"野战医院自去年下半年改为（陇东）分区医院后，为群众服务成绩更加显著，已给两百余名群众治好大小病，现住院公家病人和群众共有两百余人，平均每天到门诊部看病的有八十人左右，其中群众就占一半"。边区的医生"随请随到，不搭架子，态度和平，处处为病人着想，这一种工作道德，我可以信得过，一位医生，在涨着大水的时候，冒险渡河为人看病，也是我们亲眼见到的"❸。由于留守部队医疗条件有限，他们也经常向地方医疗条件较好的机构寻求帮助，为更多患者治疗疾病，缓解症状。《王维舟传》中就记载了一位老妇人在第三八五旅旅部医院治病时，因为旅部医院条件有限难以治疗，因而向延安中央医院申请医疗援助的事，"打过电话不久，中央医院果然派来了两名医生，包括一名苏联外科大夫。经过半个多月的治疗，老人的伤口终于痊愈起来"❹。到1944年，留守部队的医院实行了免费医疗后，更为边区群众节省了大量医疗费用，提升了群众的健康指数，也使得群众逐渐相信了科学，粉碎了巫神能治病的迷信和谎言。

---

❶ 陕西省地方志编纂委员会编，《陕西省志》（第七十二卷，卫生志），陕西人民出版社，1996年版，第97页。

❷ 甘肃省地方史志编纂委员会编纂，《甘肃省志》（第六十七卷，医药卫生志·卫生），甘肃文化出版社，1999年版，第38页。

❸ 赵超构，《延安一月》，中国国际广播出版社，2013年版，第173-174页。

❹ 冰昆编著，《王维舟传》，中国展望出版社，1984年版，第248页。

留守部队也非常重视营区公共卫生，设立卫生制度，促进官兵健康。部队采取多种方法来加强卫生教育，如编制适合官兵阅读的《卫生手册》并由官兵相互讲解，创立《卫生问答牌》促进自主学习，采用实际病症案例教育等。"如连队卫生委员会能领导各排卫生小组，经常督促全连公共的与个人的卫生，并定期举行检查竞赛；连队卫生教育亦很经常，每个战士都学会战场救急、止血、裹绷带的方法，并能了解各季时疫发生症候及防治法。连排卫生建设（如厨房、厕所等）均符合各地物质条件，并能努力改善。"[1]这些方法对提高部队卫生水平和官兵卫生意识起到了促进作用。

留守部队的卫生事业发展，官兵卫生水平和意识的提高，是依靠一大批热情敬业、全心全意为人民服务的军队卫生干部的无私奉献，依靠正确的方法思路，即善于发动群众、教育群众、依靠群众而取得的。

2.2.3 举办文化团体活动

文化团体的活动，尤其是文艺工作不仅可以提高官兵的文化修养，活跃部队文化生活，而且是消除消极思想的武器，更是对外宣传的有力工具和良好平台。

在抗战时期，无论是在前方作战的八路军、新四军还是在边区的留守部队，都建立了各种文化团体，这些机构不仅是军队贯彻执行新民主主义文化方针政策的载体，也是与地方群众沟通交流的桥梁。

---

[1] 肖劲光，《两年来留守兵团与保安部队》，载于《八路军军政杂志》第2卷第1期，第57页。

在留守部队中，主要的文化活动团体有烽火剧社总社和各旅团的分剧社以及留守兵团部队艺术学校。这些部队文化团体，在部队的驻扎地和防守区用文艺作为斗争的工具，不仅宣传抗日主张和统战政策，更激发了斗志、鼓舞了士气、鼓动了群众。

1. 烽火剧社总社

1937年10月，留守部队筹建了政治部宣传大队。这支队伍的基础是红军教导师宣传队，还吸收了"云阳青训班、陕北公学抗大第三期调来的一些青年知识分子"❶，以及从西路军到达延安的陈其通、魏玉晶、肖光华、吴彪等人，由蔺子安任大队长，杜百应任支部书记。隶属留守兵团政治部的"烽火剧团"在1938年初发展到100多人，剧团对内称"留政宣传队"。由于李兆炳创办了《烽火报》，故将该宣传队称为"烽火剧团"，这支剧团成为抗日战争时期延安组建最早的部队专业剧团。蔺子安作词、向隅作曲为剧团谱写了《烽火剧团团歌》：

我们是熊熊的一把火焰，
我们是解放民族的先锋队员。
我们要用戏剧来从事宣传，
要动员广大的群众来参加抗战。
舞台是我们的堡垒，
街头是我们的营盘。
我们抗战不怕困难，
打倒日本强盗，胜利在我们前面。❷

---

❶ 李兆炳，《往事琐记》，中国文联出版公司，1992年版，第137页。
❷ 中国人民解放军文艺史料编辑部编，《中国人民解放军文艺史料选编》（抗日战争时期，第一册），解放军出版社，1988年版，第34页。

烽火剧团成立后不久，西北战地服务团第二团的部分成员并入，人员增加，于是调整为五个分队，分别设立戏剧股、歌咏股、舞蹈股、通讯股、美术标语股。

1938年8月3日，为加强对留守兵团文艺工作的领导，提高驻陕甘宁边区部队各旅团宣传队的业务水平，肖劲光司令和莫文骅主任决定将留守兵团宣传大队即烽火剧团，对内改称烽火剧社总社，社长仍由烽火剧团团长高波担任。所属各旅团宣传队改称烽火剧社分社，李兆炳、高波等9人组成总社工作委员会作为领导机构，并确定了"社风"："以完全适合部队政治工作为原则，发扬部队宣传队的优良传统。"各分社在总社的统一管理下分批或部分地抽调各分社文艺骨干进行培训。1939年8月，为提高留守部队宣传队的艺术水平，留守兵团政治部将兵团各个旅团的宣传队集中起来，建立烽火剧社训练大队。

1939年9月，烽火剧社迁往延安城城东的桥儿沟。高波调离任留守兵团政治部文化科科长，陈明接任总社主任。按专业设立戏剧（分队长为朱云璋）、音乐舞蹈（分队长为朱仲一）、宣传美术（分队长为张勃）、文学创作（分队长为林明）分队，另有由穆肖任分队长的女同志分队。此间"又先后补充了很多新同志进来：如西虹、草沙、黎阳、吴岳、鲁光、林朋、刘希文、刘雄（女）、李海奇、刘恩琴、严庄（女）、杨啸空、苏坚、叶菱（女）、白莉（女）、李强（女）、刘瑞生、李长华、姚崇恋、邓友星、蒋祖林、林玉镜等"[1]。

为解决训练大队的师资问题，根据肖劲光司令员和莫文骅主任的要求，鲁艺领导周扬派戏剧家翟强、侣朋，音乐家冼星

---

[1] 中国人民解放军文艺史料编辑部编，《中国人民解放军文艺史料选编》（抗日战争时期，第一册），解放军出版社，1988年版，第51页。

海带领学生李鹰航、梁寒光、演员庄焰等对剧社人员进行业务辅导。训练中不仅重视文艺理论的学习，而且重视演出实践，其中《流民三千万》《治病》❶《李秀成之死》《纪念十月革命》❷等剧就是在这一时期排演而成的。冼星海还为《留守兵团团歌》（李兆炳词）❸和《留守兵团进行曲》（彭加伦词）谱曲。

《留守兵团团歌》唱到：

黄河波涛在奔腾，

塞外狂风在怒啸，

敌人的铁骑踏遍了我们的华北，

西北抗日的烽火已在燃烧。

我们是黄帝的子孙，

我们是人民军队，

用我们的手榴弹，

用我们的枪，

要把日本强盗赶出鸭绿江！

发扬我们的光荣传统（负起我们的伟大任务），

艰苦作风（巩固河防），

坚定志向（卫戍边疆），

不屈不挠（努力学习），

英勇善战（积极生产）。

下了课堂上战场，

放下锄头拿起枪，

团结友爱，活泼紧张。

---

❶ 翟强编剧，李鹰航作曲，1941年获"五四中国青年节文艺征文"青年作品乙等奖。

❷ 侣朋编导，苏联革命歌曲集成。

❸《冼星海全集》编辑委员会，《冼星海全集》（第一卷），广东高等教育出版社，1989年版，第290页。

敌人的铁骑踏遍了我们的华北,

西北抗日的烽火已在燃烧。

我们是黄帝的子孙,

我们是人民军队,

用我们的头颅,

用我们的热血,

坚决保卫边区,保卫西北,

抗战到底,抗战到底,

打到鸭绿江,打到鸭绿江!

当李兆炳将词送给冼星海后,冼星海"很快谱成曲,(歌曲)在烽火(剧社)演唱,以后在部队战士中演唱。(后来,彭加伦)又在《留守兵团团歌》的基础上写了一首《留守兵团进行曲》,这首歌由我送给冼星海同志,由他谱成曲子。延安从民间到部队,处处有这一歌声"❶。

"烽火剧团的创作活动相当活跃。主要剧目有:《枪毙托派张慕陶》(活报剧)、《游击队》《黄河岸上》《放下你的鞭子》《团结一致保卫黄河》《烈妇除奸》《野孩子》《查路条》《松花江·九一八》、《过关》(京剧)、《治病》(歌剧)、《纪念十月革命》(活报剧)等。"❷ "烽火剧团的(演出)活动大体可以划分为五个阶段:1938年上半年到延长、延川、清涧、绥德、吴堡、米脂、佳县、府谷、神木、榆林一线巡回演出,主要剧目有《游击队》《黄河岸上》《放下你的鞭子》《团结一致保卫黄河》等;1938年秋,沿靖边、定边、盐池、安定、瓦窑堡、安

---

❶ 中国人民解放军文艺史料编辑部编,《中国人民解放军文艺史料选编》(抗日战争时期,第一册),解放军出版社,1988年版,第97页。

❷ 郑邦玉编,《解放军戏剧史》,中国戏剧出版社,2004年版,第87页。

塞、吴旗、保安一线巡回演出,主要剧目有《过关》《烈妇除奸》《野孩子》《查路条》《卫生针》《打倒日本升平舞》;1938年冬进入陇东地区巡回演出,主要节目有话剧《松花江·九一八》、歌曲《打回老家去》等;1939年烽火剧团全团参加了留守兵团政治部举办的文艺训练队,结合教学排演了《流民三千万》《治病》《李秀成之死》《纪念十月革命》等剧。1940年5月再赴陇东。1941年4月,烽火剧团并入部队艺术学校。"❶

留守兵团"成立'烽火'剧社,自编、自演、自己制作乐器,通过形象生动的文娱节目,对指战员进行教育"❷。烽火剧社在开展活动时克服演出地点无戏台、剧团演出无幕布等重重困难,因地制宜地运用各种形式为军民演出。如烽火剧社成立后演出的第一个节目《枪毙托派张慕陶》,就是一种街头剧,它的演出真实生动,在延安取得了轰动性效果。1939年10月底,烽火剧社演出了歌舞活报剧《庆祝十月革命》,毛泽东主席看了演出后,找到了排戏的陈明和侣鹏,并同他们谈话吃饭,还奖励剧社一张二百元的支票。

在冼星海等知名音乐人的帮助下,"当时,烽火剧团有一个初具规模的、民族乐器为主、中西混编的管弦乐队……这个乐队在延安是享有盛誉的乐队。每周末,中央首长、军委首长欢聚一堂时,总要指定这个乐队也参加联欢,或则演奏,或则伴舞,场场总是令人神采飞扬,尽欢而散。特别是朱总司令和叶总长,每次看到这个乐队来时,就很有感情地和大家一样坐下来,一同演奏。朱总司令会打扬琴,叶总长善拉椰胡……毛主

---

❶ 解放军艺术学院文艺史编写组,《中国人民解放军文艺史初编》,解放军文艺出版社,1996年版,第160页。
❷ 莫文骅,《莫文骅回忆录》,解放军出版社,1996年版,第375页。

席看完了演奏，还依依不舍地走近乐队挨个看看每样乐器。乐曲演奏给大家带来了极大的欢乐"❶。从1943年5月1日乐队参加在王家坪举行的舞会后，"差不多每周乐队都在这样的情况下到王家坪度周末"❷。但是这支乐队的器材当时确实十分简陋，大提琴就是自己用洋铁桶做成的，琴弦是用羊肠做成的。

各旅团单位普遍重视文化团体的作用，各分社（各旅团宣传队）也积极开展文化活动。留守兵团第三八五旅宣传队在部队中广泛开展文学、音乐、戏剧、美术活动。旅下辖的各团都有自己的宣传队。旅宣传队成员周浩夫曾写出了描绘第七七〇团开荒生产的诗集《大凤川》，高朗亭、廉之真、张翼翔、陈辛火等人以及战士的小说、散文、剧本、木刻等曾发表在《解放日报》上。旅宣传队曾排演形式丰富的剧目，有独幕话剧、多幕话剧、外国话剧、歌剧、秧歌剧、京剧秦腔、郿鄠剧、合唱、舞蹈等。仅1939年第三八五旅宣传队曾编排《中国人》《日本的末日》《太平镇》等剧目。❸第三八五旅"当时，连队（基层）俱乐部活动十分活跃。俱乐部主任多由文化教员兼任。文化教员除了给营连干部和战士上文化、政治课外，要布置俱乐部，挂领袖像，出墙（壁）报，出漫画专刊，教唱抗日歌曲，组织歌咏和篮球、乒乓球比赛，自编自演快板、活报剧等文艺节目，对活跃连队生活，起了很大作用"❹。邹晓青（苏平）创作的歌曲《我们在马莲河畔》、延波（孙峰光）创作的《靠自

---

❶ 李伟主编，《摇篮情军旅爱——延安、东北、中南部队艺术学校纪念文集》，长征出版社，1995年版，第170-171页。
❷ 中国人民解放军文艺史料编辑部编，《中国人民解放军文艺史料选编》（抗日战争时期，第一册），解放军出版社，1988年版，第91页。
❸ 郑邦玉编，《解放军戏剧史》，中国戏剧出版社，2004年版，第486、488页。
❹ 中国人民解放军文艺史料编辑部编，《中国人民解放军文艺史料选编》（抗日战争时期，第一册），解放军出版社，1988年版，第188页。

己》登载在留守兵团政治部出的《连队生活》报上，方韧的《保卫西北》刊登在边区音协延安分会主编的《人民音乐》上，旅政治部还举办过一次"战士画展"❶。延安文艺座谈会后，曾任旅宣传队长的田益荣还组成一个皮影演唱组，并邀请民间艺人雕刻了一套反映部队生活和地方群众现实生活的皮影人物形象，采用陕西、甘肃流行的"阿宫腔""碗碗腔"和"陇东道情"进行演唱，用以配合部队战斗、训练、生产，丰富群众文化生活。❷

陕甘宁边区保安部队剧团❸成立于1939年春天，成立时和所有部队的剧团一样，"房无一间，地无一垄"。❹边保部队确定成立剧团的目的就是"为边区人民和为边区保安部队服务，为抗战服务"。❺在留守期间，先后排演了《黄河大合唱》选段、《小放牛》、秦腔短剧《查路条》、大型秦腔剧《中国魂》《英雄战士》和《机密信》等节目。在延安文艺座谈会后，文艺的形式极大丰富了起来，"采用文艺的形式还有京戏、山西梆子、河北大鼓、话剧、陕北道情、陕北秧歌，还有自己创作的小歌剧……（并）到蒙古族人民中收集民歌，组织小乐队，演奏《森吉德玛》《五台山之夜》等曲调"❻，秧歌也是经常采用的形式，丰富

---

❶ 中国人民解放军文艺史料编辑部编，《中国人民解放军文艺史料选编》（抗日战争时期，第一册），解放军出版社，1988年版，第185页。
❷ 中国人民解放军文艺史料编辑部编，《中国人民解放军文艺史料选编》（抗日战争时期，第一册），解放军出版社，1988年版，第188页。
❸ 陕甘宁边区保安部队剧团，简称边保剧团，1943年改编为警备三旅宣传队。
❹ 中国人民解放军文艺史料编辑部编，《中国人民解放军文艺史料选编》（抗日战争时期，第一册），解放军出版社，1988年版，第195页。
❺ 中国人民解放军文艺史料编辑部编，《中国人民解放军文艺史料选编》（抗日战争时期，第一册），解放军出版社，1988年版，第195页。
❻ 中国人民解放军文艺史料编辑部编，《中国人民解放军文艺史料选编》（抗日战争时期，第一册），解放军出版社，1988年版，第199页。

的文艺形式,"更好地吸引了群众,增强了宣传效果"[1]。

警三旅曾组织音乐训练班培养音乐爱好者。警三旅宣传队音乐教师史次欧曾负责过这个训练班,并创作了许多以"军事生活为题材的歌曲,如《还枪歌》《军民进行曲》《民兵摆战场》等,后来还创作了以陇东生活为题材或素材的《做军鞋》《大练兵》《机动兵团进行曲》《南梁山大合唱》等"[2],宣传科毛宁"创作了不少宣传画和连环画,如英雄人物肖像、战斗故事等,以石印的形式'出版'、散发和张贴,在陇东军民中留下了深刻的印象"[3]。

八路军总部炮兵团宣传队[4]在抗日战争时期,先后两度留守陕甘宁。在1938年洛川整训时,"创作了反映和敌伪汉奸斗争的话剧《血手》,排演了话剧《八百壮士》,编练了《炮兵舞》,还学习写作了一些歌曲。辅导连队的文娱工作也是一个重要的任务,除经常要到各连队教歌外,还帮助布置'救亡室'(即俱乐部),收集先进人物的先进事迹,编写宣传材料,做群众工作,还去参加完成扩军任务"[5]。炮兵团文化教员李伟[6]还编写排演了小歌剧《锯大缸》《探亲家》和广场舞《放下你的鞭

---

[1] 中国人民解放军文艺史料编辑部编,《中国人民解放军文艺史料选编》(抗日战争时期,第一册),解放军出版社,1988年版,第199页。

[2] 中国人民解放军文艺史料编辑部编,《中国人民解放军文艺史料选编》(抗日战争时期,第一册),解放军出版社,1988年版,第127页。

[3] 中国人民解放军文艺史料编辑部编,《中国人民解放军文艺史料选编》(抗日战争时期,第一册),解放军出版社,1988年版,第127页。

[4] 八路军总部炮兵团宣传队,即八路军怒吼剧社。

[5] 中国人民解放军文艺史料编辑部编,《中国人民解放军文艺史料选编》(抗日战争时期,第三册),解放军出版社,1988年版,第53页。

[6] 李伟,清华大学1934级土木系学生,1938年参加八路军,曾任总政治部宣传部部长,1964年晋升少将军衔。著名音乐家。

子》,"在洛川演出后,收到了十分热烈的效果"。❶1942年再次留守边区,屯垦南泥湾时,剧社全体成员参加了部队艺术学校的培训,返回垦区后"创作、排练、演出了李伟创作的广场秧歌剧《大家一条心》《组织起来》,大合唱《太行山大合唱》和组歌《生产四部曲》,及时地反映了当时的生活"❷。

2. 部队艺术学校

开展文化工作,必须依托一定的文化机构和高素质的文化工作者。由于军队文化工作的需要,特别是随着八路军影响范围的扩大,需要大批从事宣传文化工作的军队干部,这就对宣传文化人才培养工作提出了迫切要求。

留守部队的官兵处于革命的大本营和大后方,社会环境相对和平、战争任务相对轻松、学习时间相对充裕,加之延安有较高的师资力量等多种因素,并在开办"部队艺术干部训练班"❸经验积累的基础上,留守兵团最终决定建立起一所正规的艺术院校——部队艺术学校,来解决快速增长的艺术人员需求。

八路军留守兵团部队艺术学校1941年4月10日在延安成立,简称"部艺",隶属于留守兵团政治部。部队艺术学校是抗日战争时期培养部队艺术干部的学校兼艺术工作团体,也是我军历史上以部队命名、单独举办的、专门为部队培养文

---

❶ 中国人民解放军文艺史料编辑部编,《中国人民解放军文艺史料选编》(抗日战争时期,第三册),解放军出版社,1988年版,第54页。

❷ 中国人民解放军文艺史料编辑部编,《中国人民解放军文艺史料选编》(抗日战争时期,第三册),解放军出版社,1988年版,第62-63页。

❸ 1940年,八路军留守兵团司令部和延安鲁迅艺术学院联合举办了为期半年的"部队艺术干部训练班",培养文艺干部220名。

艺人才的第一所学校。朱德总司令、总政治部副主任谭政、秘书长陶铸、宣传部长肖向荣、留守兵团司令肖劲光和鲁艺领导周扬等人出席了开学典礼。朱德总司令在讲话中指出："部队文艺要从打仗着手，方法要艺术，八路军天天打仗，离不开对敌人及群众的宣传，因此部艺的学员应练习战斗生活与宣传的才能。"❶

学校曾招收两届学员，依据学员的经历和兴趣分成戏剧、音乐、文学、美术等专业，并成立以演出为主要任务的"部艺实验剧团"。学校将理论学习与实践生活相结合，先后演出众多大、小剧目，有《罗国富》《小小锄奸队》《驿站》《悭吝人》《李秀成之死》《太平天国》《反正》《老辈子》《保卫边区》《向劳动英雄看齐》等。其中由部队艺术学校实验剧团演出的七幕话剧《太平天国》和由部队艺术工作团演出的探索歌剧、话剧结合新路子的《保卫边区》两剧，博得了中央领导、广大群众的好评。学校还多次带着小型节目到校外各部队驻地进行演出宣传，并在培养部队艺术人才、实践文艺新方向和秧歌运动中，发挥了积极作用。

1942年初，部队艺术学校又分别在鄜县（警一旅）、庆阳（陇东一二〇师三八五旅）、延安（警三旅）相继设立了第一、第二、第三分校，各分校也积极开展各类文化活动，曾排演《秋收》《视察专员》❷《悭吝人》《李秀成之死》等剧。其中，1942年，部队艺术学校第一分校为筹备纪念"九一八"事变，先后改编排演《秋收》《视察专员》等剧目，举行音乐晚会，举

---

❶ 中国人民解放军文艺史料编辑部编，《中国人民解放军文艺史料选编》（抗日战争时期，第一册），解放军出版社，1988年版，第59页。
❷ 《视察专员》系《钦差大臣》改编。

行反映部队生活的漫画展等活动。[1]1942年11月，部队艺术学校改编为"部队艺术工作团"，1943年12月1日与延安青年艺术剧院合并，组成联政宣传队。[2]该校活动结束。

部队艺术学校取得的成绩是与首长的关怀指导、正确的办学方针、学员的努力学习分不开的。具体来讲有以下几点。

一是各级领导重视与指导。八路军总指挥朱德曾多次到部队艺术学校讲课，并及时作出重要指示。留守兵团的主要领导直接担任部队艺术学校的负责人，主抓学校的教学研究工作。留守兵团政治部主任莫文骅担任部队艺术学校校长，王震之担任副校长和剧团团长，有力地促进了学校的发展。

二是业务精湛的师资队伍。留守部队不仅选派军中优秀文化工作者担任学校教员，并且吸收社会上各类贤达人才、优秀文化工作者担任学校教员。尤其是与其有良好合作关系的鲁迅艺术文学院提供了大量的文艺教员。[3]在学校的师资力量上：音乐教员方面有张林筱、李鹰航、梁寒光等，在戏剧方面有翟强、侣鹏、王地子、史行、谢力鸣、马瑜、李实、李溪等，文学方面有教员黄照、陶然、陈寒梅、高鲁、王辉等，美术教员有徐渭、朱云璋等，舞蹈方面有夏静等，政治课有徐以新等。鲁艺的张庚、吕骥、向隅、李焕之、杜矢甲、时乐濛、马达、周立波、古元、曹葆华等有深厚文化功底的艺术家也成为部队艺术学校学生的授业恩师。如此的师资力量，可谓齐聚天下之

---

[1] 参见《部艺一分校筹备纪念"九一八"》，《解放日报》，1942年7月13日，第2版。
[2] 章绍嗣、田子渝、陈金安主编，《中国抗日战争大辞典》，武汉出版社，1995年版，第791-792页。
[3] 莫文骅，《莫文骅回忆录》，解放军出版社，1996年版，第375页。鲁艺领导周扬也"对艺术学校很支持，(从鲁艺)调来许多专业教员任教。冼星海、张庚、吕骥等艺术家也来(部队艺术学校)讲课和指导。该校为部队培养了一批文艺工作骨干，促进部队文娱活动的活跃开展"。

英才，不仅在延安，在全中国来说都是异常雄厚的。

三是"广纳四海"的学习方法。部队艺术学校在组织教学中，不仅让学员向本校优秀教师学习，还组织学员与其他单位优秀人才、团体求教切磋，交流经验。自部艺成立始，每当延安有著名文化团体演出的时候，部队艺术学校就组织学员观摩学习，以提升文化素养和业务水平。1941年5月4日，学校刚成立一个月，陕北公学排练的多幕话剧《雾重庆》正式演出，部队艺术学校部分师生就曾前往观摩。❶之后，部队艺术学校师生又于1941年6月27日观摩了"鲁艺"实验剧团在八路军大礼堂上演的反映敌后军民抗日斗争的大型话剧《中秋》❷。据笔者统计，仅部队艺术学校音乐班的学员就曾先后观摩了1941年10月4日在鲁艺举行的"杜矢甲同志独唱音乐会"、1941年11月29日在鲁艺举行的原上海音乐专科学校同学专场音乐会、1941年12月31日的鲁艺音乐系除夕联欢晚会、1942年7月鲁艺纪念抗日五周年演出、1942年8月28日鲁艺音乐系的群众歌曲新作演唱会、1942年12月1日民众剧团演出的《十二把镰刀》及《保卫和平》等地方歌剧、1943年2月8日延安"日本工农学校"演出的日语话剧《前哨》、1943年5月在八路军大礼堂上演的延安青年艺术剧院创作的大型话剧《抓壮丁》、1943年11月18日上演的鲁艺创作的秧歌剧和西北党校秧歌队演出的活报剧、1943年11月10日延安评剧院上演的新编评剧《难民曲》和《上天

---

❶ 中国人民解放军文艺史料编辑部编，《中国人民解放军文艺史料选编》（抗日战争时期，第一册），解放军出版社，1988年版，第78页。

❷ 中国人民解放军文艺史料编辑部编，《中国人民解放军文艺史料选编》（抗日战争时期，第一册），解放军出版社，1988年版，第79页。

堂》，等等。❶此外，部艺学员还参加鲁艺等学校的专业课程，"凡是'部艺'没有开课而'鲁艺'有的，只要需要，'部艺'同志都可以去听，如：戏剧方面，张庚同志讲的史坦尼斯拉夫斯基的《演员修养》；吕骥同志讲的《音乐史》和《音乐欣赏》《民间音乐》；周扬同志讲的《马克思主义文艺》、宋侃夫同志讲的《党史》等"❷。部艺还邀请文化名人到校讲座，如"'文抗'的柯仲平同志、民众剧团的马健翎同志、抗战剧团的张际纯同志"❸等就先后到部艺开设讲座，传业授课。此外，还派学员赴前线部队体验生活，邀请战斗英雄来校作报告等。

四是"真刀真枪"的教学创作。学校在开展教学工作的同时，也紧密联系边区实际，配合宣传党的方针政策，组织学员进行教学创作。如边区进行币制改革，用"边币"代替"法币"的时候，学校"立即组织力量围绕这个中心，突击编导了许多小戏剧、小活报、民歌小调、清唱小段，并写成许多标语，画了许多宣传画。出动700多人，分别组成各路宣传队，到延安城郊的新市场、文化沟、柳树店、七里铺和拐峁等地巡回演出"❹。1941年7月，为纪念抗日战争爆发四周年和援苏反法西斯宣传，部艺全体师生认真准备一周，完成话剧《反法西斯大活报》《妮笛卡和两个德国兵》《第五个》等剧

---

❶ 中国人民解放军文艺史料编辑部编，《中国人民解放军文艺史料选编》（抗日战争时期，第一册），解放军出版社，1988年版，第78—92页。

❷ 中国人民解放军文艺史料编辑部编，《中国人民解放军文艺史料选编》（抗日战争时期，第一册），解放军出版社，1988年版，第74页。

❸ 中国人民解放军文艺史料编辑部编，《中国人民解放军文艺史料选编》（抗日战争时期，第一册），解放军出版社，1988年版，第74页。

❹ 中国人民解放军文艺史料编辑部编，《中国人民解放军文艺史料选编》（抗日战争时期，第一册），解放军出版社，1988年版，第60页。

目,"这些演出受到了欢迎"❶。此外,如配合公粮征收、大生产运动、扩军运动等活动,部队艺术学校创作了大量反映现实、促进工作的作品。

2.2.4 开展宣传出版工作

留守部队把新闻宣传工作作为文化工作的重要部分,分别在对外交流与外宣、新闻报刊等方面开展了卓有成效的工作。

1. 对外交流中的形象展示

留守部队作为保卫边区和党中央的重要武装力量,也同样担负着展现八路军及共产党形象的任务。抗日战争时期,到延安访问参观的团队和个人甚多,其中具代表性和有影响力的莫过于"中外记者西北参观团"和"美军观察组"访问延安。在两次对外交流中,留守部队向全世界展示了中国共产党和人民军队的良好形象,驳斥了外界对共产党军队的各种不实传闻。党中央对此评价很高,认为"这次外国记者、美军人员……是我们在国际间统一战线的开始,是我们外交工作的开始"❷。

"中外记者西北参观团"共计21人(其中有外国记者❸6人,

---

❶ 中国人民解放军文艺史料编辑部编,《中国人民解放军文艺史料选编》(抗日战争时期,第一册),解放军出版社,1988年版,第79页。

❷ 中央档案馆编,《中共中央关于外交工作的指示》,载于《中共中央文件选集》(14),中共中央党校出版社,1991年版,第314页。

❸ 美联社记者斯坦因,《纽约时报》记者爱泼斯坦,合众社记者福尔曼,路透社记者武道,美国天主教《信号杂志》记者夏南汉神父,斯塔社记者普金斯。

中国记者❶9人，官方领队❷和随员❸6人）于1944年5月17日从重庆出发，31日进入陕甘宁边区，6月1日由留守边区的第三五九旅旅长王震迎接。记者团6月9日到达延安，7月12日中国记者离开延安返回重庆，外国记者（除夏汉南神父外）后赴绥德及晋绥抗日根据地参观访问。本次行程中，记者团先后参观了留守部队的多处驻地，并与留守部队官兵进行了深入的交流。❹

在本次行程中，留守部队尤其是第三五九旅的基层官兵给参观团留下了非常深刻的印象。"快到南泥湾时……（士兵们）一面挥着镐、锄头和铁锹，一面哼着歌。步枪、机炮、掷弹筒和迫击炮，按军队习惯整齐地架在一边。几乎所有这些武器都是由日本制造，再由他们从战斗中缴获过来的。"❺这就以事实破除了八路军"游而不击""阻挠抗战"等不实传闻。在第七一八团参观时，官兵们为记者团举行了欢迎阅兵式并由士兵中的优秀者表演了射击、刺杀、投弹等基本战术，战士们精湛的战术技能和良好的精神状态令记者们深感鼓舞，"不禁连声喝彩"。❻在炮兵团，"这些记者在山沟外的操场上参观射击表演，

---

❶ 中央社记者徐兆镛、杨嘉勇，中央日报社主笔张文伯，扫荡报社谢爽秋，商务日报社总编辑金东平，时事新报社编辑赵炳烺，国民周报社采访主任周本渊，大公报社编辑主任孙昭恺，新民报社主笔赵超构。

❷ 谢保樵，邓友德。

❸ 魏景蒙，陶启湘，张湖生，杨西琨。

❹ 王自成，《中外记者西北参观团访问延安记述》，载于《历史档案》，1994年第2期，第117-118页。记者团参与的与留守兵团有关的主要活动有：1944年6月6日到达第三五九旅驻地南泥湾的金盆湾，"6月7日参观南泥湾伤病医院、三五九旅开展大生产运动的成果、步兵营、炮兵团、南泥湾军垦区和南泥湾干休所等……6月16日上午，中外记者参观团参加了贺龙师长在八路军留守处兵团司令部举行的招待会……6月22日下午，八路军留守兵团政治部主任谭政举行中外记者参观团招待会，座谈军队中的政治工作问题"。

❺ 哈里森·福尔曼著，路旦俊、陈敬译，《北行漫记——红色中国报道》，湖南出版社，1993年版，第43页。

❻ 邓力群等主编，《王震全传》，中国工人出版社，2005年版，第117页。

迫击炮教导主任赵章成亲自下场，头一发炮弹就命中了对面山头上四百多米远的目标，而后接连弹无虚发，记者们热烈鼓掌称赞，并纷纷采访这位老红军。当记者们了解到他就是红军强渡大渡河时的那位神炮手时，对他更加敬佩了"❶。在第三五九旅的伤病医院，国民党封锁截扣医药设备致使边区医疗设备匮乏，从而导致士兵伤残难愈的场面更揭露了国民党消极抗日、积极反共的真实面目。在炮兵团参观的武器装备，许多都是从日军手中缴获的，这些枪炮武器成为八路军与日寇作战的铁证。

《新民报》记者赵超构在连载《延安一月》中写道："关于边区的部队，我们只得到一些静态的资料。我个人参观所得，则他们在生产方面所给我的印象，比他们在战斗训练更为深刻。"❷他的连载中《执行党策的军队》一文详细描写了边区部队开展"双拥工作"、军队党组织建设、文化学习等方面的见闻，向读者刻画了一个真实的边区部队形象。记者团通过在边区留守部队参观体验训练场、生活、医疗（旅部医院）、演习等项目，将我军官兵一致、训练有素、抗日气氛浓厚的精神面貌传递出去，同时揭露了敌人的真实面目，争取到了边区急需的外援和同情。

美军观察组访问边区。1944年7月22日，驻华美军总司令史迪威将军派遣的第一批美军观察组（美军中印缅战区驻延安观察组），由团长包瑞德上校率领抵达延安。观察组到第三五九旅参观时，为考验留守部队的军事训练成果和战术基础，美军军官与第三五九旅战士及王震比试枪法和打猎，结果战士们良

---

❶ 李伟,《青春的火焰》,辽宁少年儿童出版社,1997年版,第201页。
❷ 赵超构,《延安一月》,中国国际广播出版社,2013年版,第227页。

好的军事素质和百发百中的枪法让"美国人见了不得不服"。❶
8月2日，第二批美军观察组到达延安。9月26日，观察组参观了留守兵团模范学习者代表在延安东关大操场进行的投弹、射击、刺杀、马术、木马、单杠、跳跃障碍7项技术表演。美军观察组在边区期间，通过对留守部队的接触，了解了中国共产党领导的军队的战斗力、训练情况以及装备情况，并将这些情况以报告的形式"发给美国国务院和驻华美军总部。观察组的政治顾问谢伟思先后写了77份有分量的政治报告"❷。观察组的活动和这些报告，不仅使美国与延安加深了相互了解，也使得边区及共产党的真实情况在全世界范围内逐渐清晰起来。

期间，联防军政治部宣传队曾用根据三边地区人民热爱边区的故事编写创作的《妯娌争光》招待过当时驻延安的美军代表团和中外记者参观团。❸此剧表现了妯娌四人争先恐后，各抒己见，要让自己的丈夫报名参加人民军队保卫幸福生活。剧目展现了边区人民支持部队抗日的真情实感。

2. 新闻报刊出版事业

新闻报刊是留守部队用以推进文化建设、发扬民族自信、进行团结教育和揭露瓦解敌人的工具。抗日战争时期，从军委总部到各师旅团普遍出版了各种各样的报刊，"墙报"在连队中相当普及。

第一，留守部队新闻报刊事业非常繁荣。留守兵团成立之

---

❶ 邓力群等主编，《王震全传》，中国工人出版社，2005年版，第120页。
❷ 张念传，《美军驻延安观察组活动与影响探析》，辽宁大学硕士学位论文，2011年。
❸ 中国人民解放军文艺史料编辑部编，《中国人民解放军文艺史料选编》（抗日战争时期，第一册），解放军出版社，1988年版，第140页。

初,"为了配合部队的政治思想教育,我们兵团政治部出版油印的《烽火报》,经常刊登有关党的抗日路线、方针、政策,表彰好人好事,并及时报道前线抗日胜利的消息,深受广大指战员的喜爱"❶。《烽火报》的负责人回忆道:"因为他诞生在烽火连天的战争年代,我们取名《烽火报》……报纸开始是四开,油印,不定期出版,每周少则一期,多则二、三期。……《烽火报》对教育部队起过很好的作用,干部、战士都很喜欢它。"❷"留守兵团成立后,《烽火报》改为铅印,许多中央首长为该报题词,宣传科也改为宣传部,人员增多了,便抽出较大一部分力量投入报纸的编辑出版工作。报纸办得生动、活泼,每期都有木刻插图。报纸增加了干部版,战士版主要反映连队情况,表扬好人好事;干部版则刊登一些总结性的简短的理论文章,还有司令部、参谋处提供的军事教育材料,战术、战例等,向干部提供一些军事理论性的学习材料。"❸ 1938年7月,留守兵团主编的《军事月刊》在延安出版。❹此外,创刊于1943年4月13日的留守兵团政治部的机关报《部队生活》❺紧贴官兵实际和时事,宣传了留守部队进行大生产和拥政爱民的事迹和工作经验。

根据1944年陕甘宁边区文教会统计,边区部队报刊共有24

---

❶ 莫文骅,《莫文骅回忆录》,解放军出版社,1996年版,第374-375页。
❷ 李兆炳,《往事琐记》,中国文联出版公司,1992年版,第136页。
❸ 李兆炳,《往事琐记》,中国文联出版公司,1992年版,第137页。
❹ 陕西省地方志编纂委员会编,《陕西省志·报刊志·大事记》,陕西人民出版社,2000年版。
❺ 中国人民大学新闻系黄河、张之华编著,《中国人民军队报刊史》,解放军出版社,1986年版,第101页。《部队生活》,前身为1940年8月出版的《连队生活》旬刊。《部队生活》开始为周刊,后改为五日刊、三日刊、四开四版,每期16000多字,到1947年停刊,共出了400多期。

种，除留守兵团政治部机关报《部队生活》外，还有23种❶，几乎每一个驻守的旅团级单位都有自己出版发行的报纸。同时，各连队还出现了许多油印小报，总数在500种以上。❷其中，"各连队都办了许多油印小报和墙报等，能够在一天或两天内保持经常出刊的共有250多种"❸。

这些形式不同、大小各异的报纸杂志，不仅起到了传达上级指示、反映本单位工作情况和官兵建议要求、交流部队建设经验的作用，而且还成为官兵学习文化知识和政治理论知识的绝佳材料，在一定程度上培养了一批新闻宣传人才。

留守部队新闻报刊的繁荣有着显著的特点。首先，领导重视，带头为新闻报刊写作供稿。其中，最具代表性的就是领导人为《八路军军政杂志》积极撰稿。《八路军军政杂志》为月刊，是由八路军总政治部出版发行的机关刊物，从1939年1月创刊到1942年停刊，共出版了4卷39期。它承担着宣传中国共产党及军队的抗战功绩和抗战政策策略的任务，以期"提高八路军抗战力量，同时也为了供给抗战友军与抗战人民关于八路军抗战经验的参考资料"❹。留守兵团的高级领导也经常在几乎

---

❶《战火报》（战火部政治部）、《前进报》（前进部政治部）、《练兵通讯》（战线部政治部）、《战旗》（红星部政治部）、《工作通讯》（战斗部政治部）、《工作通讯》（战争部政治部）、《练兵报》（警三旅政治部）、《塞锋报》（警三旅政治部主编，1945年10月8日出刊100期）、《生产报》（警三旅政治部）、《战力报》（独一旅政治部）、《反攻》（新四旅政治部）、《战场报》（三五九旅政治部）、《战声报》（亚洲部政治部）、《部队通讯》（三八五旅政治部）、《生活通讯》（保卫团政治部）、《边防战士》（七团政治处）、《冲锋报》（十六团政治处，油印周刊，1944年出至92期）、《练兵生活》（独一旅二团政治处）、《战士的话》（七一九团政治处）、《生产通讯》（三五八旅教导营）、《部队工作》（关中报社编）、《战士先锋》（警七团政治部）、《战士导报》（石印周刊，1944年出至137期）。

❷ 中国人民大学新闻系黄河、张之华编著，《中国人民军队报刊史》，解放军出版社，1986年版，第126页。

❸ 友之，《新闻兵和连队报》，载于《解放日报》，1946年9月2日。

❹ 毛泽东，《发刊词》，载于《八路军军政杂志》，1939年第1期，第1页。

当时"每个干部都人手一本"❶的《八路军军政杂志》上发表文章，向全国人民介绍留守兵团的事迹和活动。其中，留守兵团司令员兼政委肖劲光先后发表4篇文章，分别为《八路军留守兵团的生产运动》（1卷1期）、《第八路军留守兵团一年来的军事教育》（1卷3期）、《两年来的留守兵团与保安部队》（2卷1期）和《发扬勇猛机动顽强的近战教育》（2卷2期）。留守兵团政治部主任莫文骅先后发表了5篇文章，分别为《八路军留守兵团共产党第一次代表大会关于部队本身工作的总结与今后的任务》（1卷1期）、《八路军留守兵团在职干部的学习运动》（2卷2期）、《悼宋营长运炳》（2卷7期）、《生产运动中的政治工作》（3卷1期）和《夜间战斗的政治工作》（3卷5期）。留守兵团参谋长曹里怀发表了2篇文章，分别为《河防战斗的检讨》（4卷1期）和《谈留守兵团的参谋工作》（2卷4期）。留守部队的生产运动就是通过兵团领导撰文发表在《八路军军政杂志》上后而备受社会关注并广为效仿。"为了长期坚持抗战，克服物质供给的重重困难，人民军队开始了大生产运动。对此，部队报刊作了出色的宣传报道。《八路军军政杂志》创刊号登载了《八路军留守兵团的生产运动》一文，提出大生产是克服'供应困难'的唯一途径。阐述了大生产运动在长期抗战中的重要意义，指出这是与敌人作长期艰苦斗争的重大问题。并证明了部队开展生产的可能性，建议各部队效仿留守部队的做法。一九四〇年后，部队进行了大规模的生产运动。"❷此外，对于本单位出版的报纸、副刊等材料，留守部队的领导干部都积极撰文

---

❶ 萧向荣，《关于八路军军政杂志》，载于《八路军军政杂志》，1940年第1期，第33页。
❷ 中国人民大学新闻系黄河、张之华编著，《中国人民军队报刊史》，解放军出版社，1986年版，第139页。

写作，为报纸杂志供稿。

其次，基层重视发挥报刊的教育功能，保障稿源稳定。在新闻报刊发行之后，各连队都十分重视官兵读报学习，用报刊来教育官兵。各单位积极帮助官兵理解报刊内容，防止官兵"只读标题，不看内容"❶，肤浅理解。同时，采取措施积极动员官兵写稿，提高官兵写作水平，为报刊提供稳定的稿源。第三五九旅某团政治部"决定以十月革命节为该团工农写作运动日。此后，并按月交稿，使成一写作之制度。此外，并商得文艺工作者师田手之同意，从上月起，每周给部队工农同志讲写作问题一次。并在《解放日报》上选登优良作品，加以具体分析与讨论"❷。留守兵团某部为改进加强通讯工作曾作出决定，"（一）组织上：以原有《解放日报》通讯员为核心，另吸收确能经常写稿的同志参加，组员每人每月最低限度交稿两篇。（二）取材：应深入到部队中，战士中，反映他们生活中生动活泼的事情。通讯员同志必须有决心，有计划地到连队中去，和战士们在一起，了解他们，熟悉他们，才能有力地将他们报道出来。同时也不忽视对一般动态的报道。（三）写作：文笔要力求精炼。不马虎潦草。多想一下，多看几遍。多次修改，必要时大家共同研究一番。关于写作技术的提高，主要靠自己在生活中对事物经常的研究，和多练习写作。同时对一些好文章加以研究和学习。（四）改善寄送工作，由行政保证寄送迅速"❸。通过读报读刊，官兵们开拓了眼界，提高了认识，了解了边区内外的重大事件，政治觉悟和文化水平不断提升。

---

❶《解放日报》，1942年10月1日，第2版。
❷《解放日报》，1942年11月7日，第2版。
❸《解放日报》，1942年10月16日，第2版。

1944年，留守部队受到《解放日报》改版的影响，提出了"全军办报"的方针并且贯彻执行下来。由于执行彻底，部队中的各种报纸、小报、墙报及时传达党中央的主张意图，揭露日军和反动派的阴谋罪行，报道留守部队及前线部队作战事迹经验，成为密切官兵和战士关系的桥梁。

第二，不断开拓的出版事业。报刊、杂志、书籍、教材等都离不开纸张。留守初期，部队不仅武器装备差，物质资料生产匮乏，文化资料同样也极为缺少，更缺少制造纸张的机器设备，出版报刊、杂志、书籍十分困难。最初，留守兵团的官兵们在驻地寻找马兰草来作为造纸材料。后来，留守兵团政治部新建了"新政"造纸厂，"经两月之准备，（造纸厂）已于（1941年）八月一日开工，现每日可出纸千余张。该厂工人全部系部队战士。工作积极，多要求照施政纲领规定，延长时间为十小时，以便提高产量和质量。该厂产品，全为供给留守部队印制书报及作文具用纸"❶。为了拥有更多的纸张，开展好学习，驻金盆湾的第三五九旅曾发起"割马兰草运动"以满足旅造纸厂的需要，"规定每单位割一千五百斤到三千斤，超过这个数目的，每斤奖励一元"❷。

为配合兵团各个时期的工作，留守兵团在出版发行报刊的同时，也出版编辑了不少书籍。如以"八路军留守兵团政治部"或"留守兵团政治部宣传部"名称主编出版的书籍有《斯大林与真理》《国共两党抗日成绩比较》、《国民党和共产党》（1942年）、《部队劳动英雄》、《留守兵团的英雄和模范（第一集）》（1944年5月）、《留守兵团的英雄和模范（第二集）》

---

❶《解放日报》，1941年8月29日，第2版。
❷《解放日报》，1942年8月9日，第2版。

（1944年）、《战斗在晋西北的英雄们》（1944年）、《一九四三年留守兵团生产建设》（1944年）、《模范班长劳动英雄李位》、《中国共产党与中华民族》（1943年，朱德著）。以"八路军留守兵团司令部"名义编辑的有《近战战术》（1940年4月由八路军军政杂志社出版）、《战术》、《掷弹筒》（1944年12月）、《三八五旅冬训总结》（张宗逊著，1944年7月）、《敌寇作战要务令》（1943年12月）等。以"八路军联防政治部"名义编辑出版的有《留守兵团模范学习者代表大会特辑》（1944年12月）。以"八路军留守兵团"为编者编辑的书有《列宁的正义》等。以"留守兵团卫生部"名义编辑的书籍有《司药必携（上下册）》（1943年）、《小儿科护病学》等书籍。各种涵盖了各方面知识的书籍广泛地发售使用，将留守部队的文化建设提升到一个新的层次。

留守部队从各个方面扎实地开展起了文化建设工作，部队面貌欣欣向荣。如同《王维舟传》中记载的，在边区留守部队，"《解放日报》《八路军军政杂志》《中国文化》《祖国呼声》《中国青年》《中国妇女》等报刊杂志，在各团、营、连中争相传阅；《马克思恩格斯论中国》《列宁斯大林论中国》《苏联共产党（布）历史简要读本》等著作成为党员、干部的必读教材；旅部机关和连队、农村，到处都有各种形式的墙报、黑板报；小学、中学、民校、夜校，如同雨后春笋，蓬勃兴起。庙宇、祠堂、广场，成了天然课堂。木板、石块、砖头，代替桌椅、板凳。树枝、地面、沙土，成了取之不尽、用之不竭的'笔、墨、纸、砚'；《华北文艺》《文艺轻骑》《战地文艺通讯》，深受文艺骨干的欢迎。陈荒煤的文学随笔，田间的诗歌，孙健秋的文艺通讯，刘祖春的报告文学，高沐鸿的小说，冼星海、贺绿汀的歌曲，陈铁耕的木刻、版画，蔡九昌的美术，鲁艺的剧本，有效地活跃了人们的生活；各营、连组织的文艺宣传队，无论走到哪里，总是博得一阵阵掌声；由文盲、半文盲组成的识字班，以《千字文》作为课本，设立识字牌，推广小先生制，强调'岗位教育'，掀起了轰轰烈烈而又扎扎实实的识字竞赛……"❶

---

❶ 冰坤编著，《王维舟传》，中国展望出版社，1984年版，第252页。

第 3 章 八路军留守部队文化建设的特点

马克思主义认为，"一定的文化是一定社会的政治和经济在观念形态上的反映"[1]。而"统治阶级的思想在每一时代都是占统治地位的思想。这就是说，一个阶级是社会上占统治地位的物质力量，同时也是社会上占统治地位的精神力量"[2]。由此，每个历史时期的社会因经济基础、阶级力量对比情况、国际环境情况、社会矛盾情况的不同，其思想文化情况也会不同。因而，每一时期的文化建设发展也有不同的目标和特点。

"文化上的每一个进步，都是迈向自由的一步。"[3]文化建设的进步也是社会发展的一个显著标志。对近代中国而言，新旧文化斗争十分激烈。在抗日战争时期，民族矛盾上升为社会的主要矛盾，抗日成为"中国政治的第一个根本问题"[4]，在爱国统一战线下反帝反封建的新民主主义文化建设则成为文化建设的主流。

3.1 留守部队文化建设凸显抗日救国主题

正如学者所说，中国共产党在延安时期的13年，更是一部先进文化建设的历史。[5]

社会是不断发展变化的，因此，每一时代都有自己的主题。时代主题的不同导致了党和国家中心任务的不同，党的文化建设的任务和目标随之不同。正如毛泽东所说："党的文艺工

---

[1] 《毛泽东选集》(第二卷)，人民出版社，1991年版，第694页。
[2] 《马克思恩格斯选集》(第一卷)，人民出版社，1995年版，第98页。
[3] 《马克思恩格斯文集》(第九卷)，人民出版社，2009年版，第120页。
[4] 《毛泽东选集》(第三卷)，人民出版社，1991年版，第867页。
[5] 卢少求，《试析延安时期毛泽东先进文化建设思想》，载于《毛泽东思想研究》，2007年第2期。

作，在党的整个革命工作中的位置，是确定了的，摆好了的；是服从党在一定革命时期内所规定的革命任务的。"❶军队的文化建设实践与时代主题、历史环境和政治条件紧密相连。抗日战争时期，党的文化建设方针是紧紧联系当时的社会任务的，是在民族矛盾上升为中国社会的主要矛盾的情况下制定的。此时，留守部队围绕"抗日救亡"这一主题进行了教育、宣传、整顿、军事工作。纵观中国革命历史，不难发现，每当中国共产党的思想大解放的阶段，军队的文化成果就丰硕；每当正确执行了党的文化建设方针政策，军队的文化事业就蓬勃发展；每当社会有积极的社会变革，军队就涌现出优秀的文化作品。

3.1.1 紧紧围绕"抗日救国"展开

抗战开始后，日本侵略者为实现其彻底占领中国，建立"大东亚共荣圈"的目的，不仅从军事上以野蛮武力开始全面进攻中国，而且从文化方面配合军事行动对中国进行侵蚀、进攻。在以野蛮武力侵略中国的同时，日本军部还从其本国组织一批文学家加入侵略部队组成"笔部队"，并将其投放到侵华战场。"'笔部队'的成员们以笔为枪，为侵华战争摇旗呐喊。他们或把战争责任强加给中国，或为侵华战争强词夺理，或把日军的残暴行径加以诗化和美化，大书'皇军'的可爱和勇敢，或歪曲描写日战区的状况，胡说日军和中国老百姓如何'亲善'，或炫耀自己如何出生入死，夸耀自己的战争体验……"❷以在日本国内造成战争狂热，鼓动侵略气氛，为侵略行为张

---

❶《毛泽东选集》(第三卷)，人民出版社，1991年版，第866页。
❷ 王向远，《"笔部队"和侵华战争》，北京师范大学出版社，1999年版，第78页。

本。日本侵略者还利用其特务机关新建、控制沦陷区的新闻、电台、出版等文化机构，出版宣传"建立东亚新秩序"、反对共产主义的报纸、刊物、传单；并在日军每一到达的地方进行宣传、张贴、散发，诱导中国人民的亲日情绪，培养服从奴役精神，宣传反动的种族主义思潮。日军在侵华宣传中也注重利用中国传统文化和艺术的手法，"如用司马温公破缸的故事，画'日本救中国'的大幅宣传画"，"利用年历表画些画成为宣传品"❶，等等。他们"善于迎合落后群众与农民的心理，善于以数量掩盖其质量上的（即政治上的）基本弱点，善于不厌其烦地重复宣传某几个中心口号，善于利用时机，抓住某些具体问题来进行欺骗宣传"❷。

抗日战争时期，国民党方面推行单一片面的抗战路线，主要是依靠政府和军队，不信赖群众也不能对群众进行有效的动员和宣传。他们主张并大力推行的是三民主义文化，在国家政权层面上成立文化运动委员会，并颁布《文化运动委员会组织大纲》等文件条例，以期树立三民主义文化的主导地位。

在中国共产党方面，则以发动全民族抗战为主旨，动员一切力量争取抗战胜利。毛泽东在1938年5月发表的《论持久战》中论述发动全民族的抗日动员，"不是将政治纲领背诵给老百姓听……而是要靠口说，靠传单布告，靠报纸书册，靠戏剧电影……要联系战争发展的情况，联系士兵和老百姓的生活，把战争的政治动员，变成经常的运动，这是一件绝大的事，战争首先要靠它取得胜利"。1940年1月，毛泽东在《新民主主义论》中，又进一步强调指出"革命文化，对于人民大众是革命的有力武器。

---

❶《朱德选集》，人民出版社，1983年版，第73页。
❷《邓小平文选》（第一卷），解放军出版社，1994年版，第23页。

革命文化，在革命前，是革命的思想准备，在革命中，是革命总战线中的一条必要的和重要的战线"。文章将新民主主义文化概括为"无产阶级领导的人民大众的反帝反封建文化"，即"民族的、科学的、大众的"文化。

留守部队的文化建设配合和反映了抗战救国的时代主题。军队不仅用自己的实际军事行动诠释爱国主义和革命英雄主义，同时也注重宣传爱国主义和革命英雄主义，以感染更多的群众加入爱国的行列中来。

在留守兵团，反映救亡图存的"《义勇军进行曲》和《黄河大合唱》等革命歌声，响彻兵团的各个军营，部队保持了高昂的战斗情绪"❶。在部队的报刊系统，不仅大量刊载了中国历史上的爱国主义故事，如《屈原的故事》《岳飞的故事》等，也将现时革命中发生的故事刊载出来，如留守兵团的《部队生活》报在1943年4月结合刘志丹同志逝世连续刊载赞扬了革命烈士的事迹。

留守部队还主动向边区存在已久的落后封建文化宣战，激发人民群众的抗日救亡情感。留守兵团部队艺术学校与鲁艺"趁着桥儿沟商民热烈开展集市工作，并举行六天旧剧公演的机会……决于八月一二两天晚上在该处举行演出，选适合老百姓口味而具抗战建国意义的活报、话剧、民歌小调，作为纪念国际反侵略运动，国共团结抗战团结建国的广泛宣传"❷。在演出时，百姓则被反映抗战的新剧所吸引。

---

❶ 莫文骅,《莫文骅回忆录》,解放军出版社,1996年版,第375页。
❷《解放日报》,1942年7月29日,第2版。

3.1.2　文化建设与边区工作任务相结合

1938年9月29日至11月6日召开的党的六届六中全会决议指出,"全中华民族的基本任务应该是:坚持抗战,坚持持久战,巩固和扩大抗日民族统一战线,以便克服困难,增加力量,停止敌之进攻,实行我之反攻,以取得最后驱逐日寇出境和建立独立自由幸福的新中国的胜利"。这是全民族的基本任务,也是中国共产党和人民军队的任务,当然也是留守兵团的任务。

1. 与整风运动、学习"讲话"相结合

1942年5月23日,毛泽东同志发表了《在延安文艺座谈会上的讲话》。5月30日,毛泽东又来到桥儿沟,在鲁艺院内的篮球场上对全体师生(包括部队艺术学校的部分师生)作了一次重要讲话。这次讲话重点探讨了文艺创作的来源、文化普及与提高、文艺与工农兵相结合等问题,进一步推动了文艺界的整风学习。经过整风,延安的文艺工作者精神面貌焕然一新,文艺创作也随之打开了新的局面。由于广大工作者有了深入生活、眼睛向下、甘为群众小学生的精神和行动,才找到了进行创作的新题材、新任务和新的表现形式。

文艺座谈会后,各部队分别颁发文件、指示号召部队落实《在延安文艺座谈会上的讲话》精神。边区部队首长也对部队的文艺工作作了指示,其中以肖向荣的《部队文艺工作要创立部队作风》《部队文艺工作应该为兵服务》等为代表,明确了留守部队文化建设"普及与提高"的辩证关系,明确了为人民服务,尤其是为兵服务的正确目标和途径,各部队都迅速将指示

精神落实到具体工作中。

在整风运动中,留守部队按照计划认真组织整风。陇东"某旅整风学习完毕,举行首次全旅墙报展览,干部进行自我批评"❶。在留守兵团第一期整风学习总结中,兵团副政委指出,"第一期的整风学习,已经在直属各机关、部队、学校掀起了学习的热潮,奠定了学习运动巩固的初步基础,参加干部共六百五十三人,内非党员一百三十五人,都有高度学习热忱。学习生活健全,保证了每天四小时的学习,纪律严格,汇报检查经常,态度认真,研究学习走向深入"❷。

整风运动直接促成了领导作风的改变。军阀主义与教条主义的批判、联系群众与实事求是作风的改变,留守部队扎实推进学习整风,取得了显著成果,得到了领导层的一致认可:"在领导作风问题上,陕甘宁边区部队的进步,可以为一切八路军新四军部队所效仿。"❸

经过文艺整风,军队中存在的关于文化方面的问题得以解决,整个文化工作出现了欣欣向荣的新面貌。《在延安文艺座谈会上的讲话》确定文艺要为广大人民群众服务,尤其是为工农兵服务。而军队的文化工作者则自然先要"为兵服务"。这就要求军队的文艺工作者"深入部队,创造出军队的形式和军队的作风"❹。在这一号召和要求下,军队文化工作者开始更加贴近基层官兵的生活。首先,在军队中开始了一股"兵演兵,兵写兵,兵画兵"的潮流;其次,各个军队的文化刊物杂志等也有

---

❶《解放日报》,1942年10月19日,第2版。
❷《解放日报》,1942年7月31日,第2版。
❸《关于军队政治工作问题》,一九四四年留守兵团政治部在西北局高级干部会议上提出的政治工作报告。
❹肖向荣,《关于部队文艺工作问题》。

了内容和形式的新变化，摒弃了过去和基层官兵存在隔阂的现象，更加贴近官兵。在创作上，广受群众欢迎的作品不断涌现。

延安文艺座谈会后，由于对群众性文艺活动的大力提倡，秧歌剧演出受到普遍重视。边区于1944年2月23日在延安杨家岭举办了八大秧歌队会演，2000多名干部群众观看。其中留守兵团政治部秧歌队作为八大秧歌队之一的队伍参加，演出的剧目《刘连长开荒》表现了八路军爱护人民的革命品质。在留守部队中不仅出现了群众性的创作热潮，留守部队还对驻地群众进行培养，在群众写诗运动中，"陇东地区出现的'三大农民诗人'即孙万福、汪庭有、刘志仁，就是我军文艺工作者培养和熏陶出来的著名文艺人才"❶。

"文艺是从属于政治的，但又反过来给予伟大的影响于政治"❷，在这一时期，具有思想性的文化作品，其政治动员作用发挥明显，这些文化作品都成为新民主主义革命宣传中的重要载体。这一时期的作品，大都以抗战、统战、军民关系、大生产和人民的生活为主题，充分反映和鼓舞了军民的抗日信心，歌颂了中国共产党和人民群众的伟大，激发了军民的奋斗之情。

2. 与生产运动相结合

大生产运动开始于1938年秋天八路军留守部队的生产运动。留守部队的生产运动又在共产党的推动下向全边区和各个根据地拓展，变成了一种社会行为。1939年2月，毛泽东向部队机关学校发出"自己动手""自力更生"开展生产自给运动的

---

❶ 解放军艺术学院文艺史编写组编著，靳希广主编，《中国人民解放军文艺史初编》，解放军文艺出版社，1996年版，第234页。

❷ 《毛泽东选集》（第三卷），人民出版社，1991年版，第866页。

号召。在生产运动中，留守部队又走在了各个根据地的前列，成为"延安精神"的引领者。

在大生产运动中，"留守兵团1939年底垦荒2.5万亩。1940年继续垦荒2万亩，解决了本部队1个半月的粮食，同时还大大改善了被装供应"❶。至"1944年种植面积达9.3万亩，产量9万余石，获得空前大丰收"❷。盐业作为边区主要的富庶资源之一，在边区经济生活中占有重要地位，它既是稳定边区物价和进行对外贸易的物品，也是维系部队生活的来源。但盐业开发十分辛苦，留守官兵克服极大困难，进行采捞生产。诗人柯仲平曾写过一首《留守兵团开发三边盐田歌》赞颂开发盐田的留守官兵：

一

打井的快打，
压壩的快压，
背炭的不怕路远，
还冒着风沙。
几万亩盐田，
归我们开发；
几十万敌人，等我们赶他"回老家"。
留守兵团的同志们呀，
我们开着金的山，银的海，
我们还有仗要打，
来来来，竞赛一下，
看谁坐飞机，
谁象王八！

---

❶ 王聚英著，《八路军抗战简史》，解放军出版社，2005年版，第248页。
❷ 王聚英著，《八路军抗战简史》，解放军出版社，2005年版，第250页。

二

灌水的快灌,
打盐的快打,
你看那脚夫牲口,
等着一大坝。
人家等盐吃,
我们等饭吃;
几万亩盐田,
我们定要赶快完成它。
留守兵团的同志们呀,
我们开着金的山、银的海,
我们还有仗要打,
来来来,竞赛一下,
看谁坐飞机,
谁象王八!❶

在生产运动中,三边地区、陇东地区、关中地区的留守部队都大有成绩。驻守陇东的第三八五旅在大凤川、小凤川等地屯垦,收获极大,被广为赞誉。"警四团在鄘县一带的槐树庄屯田,两年开荒2.3万多亩,收获粮食六七十万斤。"❷其中,属第三五九旅南泥湾屯垦最为有名。1941年3月,第三五九旅官兵在旅长兼政委王震的率领下到南泥湾进行屯垦。1942年7月,朱德到南泥湾视察,看到垦区的巨大变化,曾赋诗一首:"去年

---
❶《星星诗刊》,1958年第4期,第43页。
❷ 张希贤、王宪明、张伟良,《毛泽东在延安——关于确立毛泽东领导地位的组织人事、理论宣传和外交统战活动实录》,警官教育出版社,1993年版,第105页。

初到此，遍地皆荒草。夜无宿营地，破窑亦难找。今辟新市场，洞房满山腰。平川种嘉禾，水田耕新稻。屯田仅告成，战士粗温饱。农场牛羊肥，马兰造纸俏。小憩陶宝峪，清流在怀抱。诸老各尽欢，养生亦养脑。熏风拂面来，有似江南好。"从此，南泥湾成为"陕北好江南"。1942年12月，毛泽东在西北中央局高级干部会议上作《经济问题与财政问题》的报告中，夸赞第三五九旅的生产运动。1943年10月，毛泽东在视察南泥湾时，题写了"自己动手，丰衣足食"八字。军队进行生产自给，不仅减轻了人民的负担，也改善了自己的生活。更为重要的意义是"改善官兵关系；增强了劳动观念；增强了纪律性；改善了军民关系；军政关系也好了等"❶。部队的生产运动也是对人民群众生产运动的一个极大促进。

在大生产运动中，第三五九旅在《一九四三年政治工作计划》中"指出'农业生产中的娱乐工作非常重要'。要求每个连队必须购买胡琴、笛子等文艺活动器材，以便在休息的时候大家娱乐一番，如清唱、讲故事、唱歌、小调，并可进行读报"❷。留守兵团直属政治部在《关于生产中政治工作的指示》中也指出："根据当时当地的具体情况，进行活跃的文化娱乐工作，调剂生活，恢复疲劳……特别在农忙时期，要利用时间进行刺激与提高生产情绪的鼓动，可能时出一些富于鼓动性质的漫画和小报，报道生产消息，及表扬劳动英雄等。"❸

同时，官兵亲自参加劳动，尤其对文化工作者来讲，有助

---

❶《毛泽东选集》(第三卷)，人民出版社，1991年版，第1107页。
❷ 解放军艺术学院文艺史编写组编著，靳希广主编，《中国人民解放军文艺史初编》，解放军文艺出版社，1996年版，233页。
❸ 解放军艺术学院文艺史编写组编著，靳希广主编，《中国人民解放军文艺史初编》，解放军文艺出版社，1996年版，233页。

于为其增加创作素材,激发创作灵感,由此创作的文化作品更贴近官兵生活,因而受到群众欢迎。炮兵团政治教员李伟回忆道:"有了劳动的亲身体验,我在音乐创作上就有了新的收获,写出了歌曲《南泥湾好地方》《一九四三年进军》和组歌《生产四部曲》,并在报刊上发表;我还写出了广场小歌曲,有反映整风的《大家一条心》,反映生产的《组织起来》,等等,并由宣传队为战士和群众演出了。"❶

在大生产运动中,八路军第三五九旅开发南泥湾并创造的"南泥湾精神",树立了一面光辉的旗帜。在开发南泥湾中产生的自力更生、艰苦奋斗、官兵一致、同甘共苦等革命精神,就是后来人们称赞的"南泥湾精神"。"南泥湾精神"对全党全军起了极其深刻的教育作用,对战胜困难、完成抗日大业乃至夺取民主革命的胜利,产生了重大影响。

南泥湾的屯垦生产运动成果也成了边区留守部队开展生产运动的典范,当时八路军唯一的一支电影拍摄队伍也关注到了这支先进的群体。八路军总政治部电影团,克服了胶片和技术设备奇缺的困难,摄制完成大型纪录片《南泥湾》。这部影片不仅反映了第三五九旅战士们艰苦创业中的辛勤劳动,也反映了战士们在军事训练和野战演习中的威武英姿,真实而生动地再现了第三五九旅屯垦南泥湾的战斗历程。这部影片1943年春节前后放映后,立刻在延安引起了轰动,极大地鼓舞了第三五九旅的指战员,同时也向外界传递了留守部队官兵和边区政府的光辉形象。"延安的南泥湾已经成为当今中国的名胜;第三五九旅,也成为艰苦奋斗、自力更生精神的象征。"❷当然,也是留守部队的精神象征。

---

❶ 李伟,《青春的火焰》,辽宁少年儿童出版社,1997年版,第201—202页。
❷ 《王震传》编写组,《王震传》,人民出版社,2008年版,第130页。

3. 与军事任务相结合,为提高战斗力服务

军队的文化建设,核心是为提高部队战斗力而服务的。留守部队虽然地处大后方,但因需要保卫边区和党中央的安全仍然担负着一定的战斗任务。主要有三个方面,即肃清边区内的土匪、处置国民党顽固派的摩擦、协同友军与日军进行保卫河防的战斗。留守部队的文化建设也紧密地与战斗任务结合起来,为提高部队的战斗力而服务,并在这个过程中形成了具有战斗气息和战斗精神的文化特质。

一是文化工作者直接参与军事行动。部队的文化工作是立足于部队并为其服务的,部队的文化工作者的第一属性是军人,如何为提高部队的战斗力服务是部队文化工作者第一考虑的问题。在战争时期,文化工作团体既是宣传队又是战斗队,文化工作者既是宣传员也是战斗员。在留守部队,许多文化工作者不仅精于业务,而且也是训练有素的战士。在行动前,他们通过演出、宣传等手段统一部队官兵思想,凝聚士气;在行动中,对内鼓舞斗志、激发必胜信念,对敌宣传喊话、分化瓦解;在行动后,总结典型事例,宣扬英雄模范,搞好文化娱乐。在参与遂行军事任务中发挥文化工作的作用,以期"当文艺为大众所把握时,也就成为一种有效的武器了"[1]。

二是紧密结合军事训练开展工作。在留守边区时期,部队由流动作战为主转变到以固定训练为主,部队的军事训练正规化成为留守部队军事建设的重点。部队的文化建设也与部队的正规化建设结合起来为留守部队的建设发展共同服务。此段时期,是我军开始部队正规化建设探索的重要时期。这一时期内

---

[1] 梅行,《论部队文艺工作》,载于《大众文艺》,第1卷第4期,1940年6月15日。

的重要工作包括科学正确地训练部队，各种条令条例的颁布，依法建军、依法治军、科学练兵的制度及观念初步形成。

在留守兵团成立后，为尽快走向正规化建设，部队迅速统一建制、健全组织，同时也加强了规章制度和法令法规建设。《八路军军政杂志》上曾刊登《八路军留守兵团各种章程法规草案》，供全社会提出建议和进行监督。1938年8月，留守兵团颁布了军队制度各种草则，并开始试行。1939年5月，在留守兵团军事会议上，进一步颁布了《内务条令》《纪律条令》《参谋工作条例》等。在日常生活管理中，逐步消除部队陋习，改造部队中的"二流子"，经过改造，"士兵中的二流子也变为好人了"[1]。

在军事训练中，注重将军事与体育相结合。朱德总司令在延安"九一"扩大运动会上就指出，未来体育运动的发展方向应当着重于军事方面，"以便把许多人都锻炼成坚强的人"。留守官兵在开展体育活动中，将军事元素融入其中。在训练项目上，武装爬山、武装爬障碍、着装赛跑、刺枪表演、赛马、射击、单杠、双杠、木马等都成为留守部队体育锻炼科目。在组织中，不仅基层各单位间经常相互比赛，各大机关单位如留守机关、第三五九旅、各警备区等还专门组织较大规模的军事体育赛事。这些有浓烈军事气氛的体育锻炼项目不仅深得官兵喜爱，并且也促进了官兵作战技能的提升。

三是文化作品有强烈的军队作风和军队气派。在留守部队，文化工作者创作的作品具有强烈的战斗气息，凸显出极强的军队作风和军队气派。这一时期，大量的抗战歌曲、抗战戏剧被创造

---

[1]《关于军队政治工作问题》，一九四四年留守兵团政治部在西北局高级干部会议上提出的政治工作报告。

出来。歌曲中反映行军、作战、反特、生产、军民团结的占了绝大多数。在戏剧方面，《张治国》《刘顺清》《同志，你走错了路！》《枪毙张慕陶》《查路条》《军民大生产》等剧目就真实再现了军队官兵参加生产、学习、战斗等场景和矛盾冲突。部队艺术学校曾创作了一部戏剧《挂号信》，就是根据富县警一旅破获的一起敌特案件而编创的。在这些作品中，达到了政治性与军事性、文化性与鼓动性相统一，将军事斗争的严酷性和八路军良好的形象展现了出来，极具现实性、亲和力和感染力。

3.1.3 始终坚持党的文化建设方向

留守兵团的文化建设，集中展现了中国共产党对抗日战争的领导，其文化作品包含对党的领袖思想的颂扬、革命形象的塑造、军民革命情感的抒发等，都极大地吻合着时代的语境，显现着鲜明的时代风貌，并且不同程度地渗透着某些情感和精神的恒久价值，诸如军队与人民的血肉关系，军人要为党和人民的利益奉献生命，为民族的解放、抗战的胜利、共产主义理想奋斗不息等。因此，许多文化作品成为时代珍品，它们在很多方面特别是军民鱼水情的社会风貌、艰苦奋斗的精神风貌方面为后世所仰慕。抗战期间，军队的文化建设成果丰硕。"据粗略统计，抗战八年，我军共创作演出各种形式的戏剧作品达九百余部。数量上创造了我军戏剧史上各个时期之最，质量上许多作品不仅成了军队戏剧的代表作，同时为整个中国戏剧发展增添了新的成果。"[1]这一时期创作的许多革命歌曲也传唱至今。这些成果都是军队在坚持党的文化建设方向的基础上获得的。

---

[1] 郑邦玉主编，《解放军戏剧史》，中国戏剧出版社，2004年版，第78页。

1. 落实党的文化建设方针政策

抗战时期，中国共产党相继发布了《关于宣传教育工作的指示》《关于军队吸收知识分子及教育工农干部的指示》《关于积极参加国民党区的小学教育与社会教育的指示》《关于在职干部教育的指示》《关于开展国民教育工作的决定》《关于发展文化运动的指示》《关于党的宣传鼓动工作提纲》等有关文化建设的指示、文件；也对部队的文艺工作专门发布指示，制定政策。1941年1月18日，总政治部、中央文委发出《关于部队文艺工作的指示》❶："部队文艺工作，是部队政治工作的一个重要部门，因其不仅在于能够帮助部队的政治教育与宣传鼓动，调节部队生活，提高部队战斗情绪，而且是密切部队与群众联系及扩大我军影响的有力工具。"❷"抗战以来，大批知识分子参加到部队中，文艺工作方面，也有许多新的知识分子干部参加进入，从各方面派去实习、考察的许多文艺工作团体，对于部队文艺工作也起了相当的帮助与推进作用。同时，部队政治机关也曾培养了和培养着相当数量的青年艺术工作干部。因此部队文艺工作，在抗战以来，各方面都有了一些新的发展，建立了各种适应抗战需要的新的剧团，发展了歌咏、美术及文学创作等工作；在技术上也有进一步的提高，并协助和推动了地方文艺运动的开展。这都是抗战以来，我党部队文艺工作重大的收获。"❸留守部队十分重视发挥知识分子的作用，并不断提高部队内部官兵的文化水平，使得部队的文化建设工作进展顺利。

---

❶ 原载于《八路军军政杂志》，第三卷第2期，1941年2月15日。
❷ 胡采，《中国解放区文学书系》（文学运动·理论编一），重庆出版社，1992年版，第9页。
❸ 胡采，《中国解放区文学书系》（文学运动·理论编一），重庆出版社，1992年版，第9页。

2. 坚持民族化、大众化的文化方向

在抗战期间，尤其是在文艺座谈会后，留守部队十分重视民族化、大众化的文化建设方向。在文化表现形式上，突出民族化的表现形式，留守部队各个剧团、文化宣传队先后采取了不同的演出形式，如眉户剧、秦腔、皮影戏等，并采用信天游、花儿等曲调方式来演唱歌曲，受到了官兵和群众的喜爱；在开展体育锻炼的时候，驻扎民族地区的官兵也采取了民族群众所喜闻乐见的运动和锻炼方式，如骑马、木梯、摔跤等。同样，留守部队还坚持大众化的方向，即文化建设要从最广大的群众尤其是官兵的实际情况出发，不断普及文化知识，提高文化修养和水平，如在进行文化学习、卫生医疗和报刊宣传中就十分注重这个方向，使广大官兵在军队文化建设中真正受益。

3. 为工农兵大众服务，首先是为兵服务

为人民服务，这一中国共产党的唯一宗旨，落实在革命战争中，就是要为广大的工农兵服务，落实在军队中，就是要首先为兵服务，为战士服务。就是要将人民子弟兵的战绩和优秀精神风貌及时准确地反映出来，以此来求得战斗力的巩固提高和赢得广大人民群众的支持，最终取得军事的胜利和人民的团结，以此达到完成党的方针任务的作用。"一切部队文艺工作者，必须认识，为兵服务，就是具体的为人民服务。一切文艺工作者，应该毫无例外的，全心全意地深入连队，投入战争中去为人民立功。把丰富、生动、可歌可泣的自卫战争中人民子弟兵英勇战绩及时正确地反映出来，负起巩固提高部队战斗力

战胜敌人的光荣任务。"❶

时任陕甘宁边区联防军政治部宣传部部长的肖向荣在《关于部队文艺工作问题》中说:"我们的文工团（宣传队）在'为兵服务'的总方针下,要进行关于军队作风的许多研究和创造的工作。"在推进人民的大众的科学的文化建设时,其出发点总是从战士的实际情况出发,文化作品的创作来源是官兵的社会实践,是军人的生活实际;其创作手法是现实主义的,是在军人的实际基础上的普及与提高,是革命的浪漫主义与革命的现实主义相结合。在执行为工农兵大众服务的方针时,魏巍讲道:"什么时候,我们忠实地执行了这一正确的文艺路线时,我们的创作就会充满生气,我们的歌声就会加倍嘹亮;什么时候,我们在执行这一正确的路线中松懈了,我们的创作就会显得疲惫、虚弱,我们的声音也变得空洞、衰微!"❷

在留守部队,烽火剧团、实验剧团、联政宣传队等剧团就非常重视为兵服务,每年都在边区进行巡回演出。各基层单位的文化工作人员也积极从本单位的官兵实际情况出发编写文艺作品,从执行的具体任务中获取灵感。留守部队正是坚持了这样的路线,才会涌现出众多优秀的文化作品。

3.2 吸引和培养人才是留守部队文化建设的重要任务

留守部队的各行各业中都汇聚了大量的人才。在留守部

---

❶ 中共晋察冀中央局,《关于文艺工作的三个决定》,1947年5月。
❷ 魏巍,《晋察冀诗抄·序》,中国青年出版社,1984年版。

队，俘获的日军成为部队的工程师，陕北老农成了部队的农业指导老师，原因何在？留守部队善于海纳百川地汇聚人才、不拘一格地使用人才、创造条件培养人才，这也是其人才建设重要的特点。

3.2.1 吸引人才

第一，对人才的关心和重视是吸引人才的重要因素。抗战开始后，延安成为全中国人民心中革命的圣地，大量的知识分子涌向延安。留守部队作为接收知识分子的重要部门，十分关心和重视知识分子。著名音乐家冼星海与留守兵团有着极大渊源，他曾经担任过留守兵团部队艺术学校的教员，并为留守兵团创作了《留守兵团团歌》和《留守兵团进行曲》。冼星海曾在1938年3月4日的日记中写道："中国现在是成了两个世界，一个是向着堕落下沉，而另一个是向着光明的有希望的上进。延安就是新中国的发扬地。"[1]他不但自己要前往陕北延安，而且也动员自己的爱人。他在1938年9月18日给爱人的信中写道："我们到陕北去吧，那里可以给我们更多的勇气，那里可以使我们更了解真正的爱。再去创立我们的事业和将来。"[2]像这样冲破重重阻挠到延安去的文化名人和知识分子还有很多。冼星海1938年底到达延安，开始在鲁艺音乐系担任领导工作。1939年为活跃部队文化，指导留守兵团烽火剧团的工作，在兵团司令员肖劲光的邀请下，周扬调冼星海的学生李鹰航、梁寒光等到

---

[1]《冼星海全集》编辑委员会，《冼星海全集》(第一卷)，广东高等教育出版社，1989年版，第211页。

[2]《冼星海全集》编辑委员会，《冼星海全集》(第一卷)，广东高等教育出版社，1989年版，第328页。

烽火剧团任艺术指导。冼星海也开始到留守兵团烽火剧团居住，收集民谣歌曲，创作新曲。正是因为留守兵团为其提供了良好的创作环境和伴奏乐队，冼星海创作出了永载史册的《黄河大合唱》。冼星海因为指导烽火剧社与创作歌曲住在剧团里，留守兵团政治部领导考虑到冼星海同志身体不太好，"特意批准做一件布大衣给他"❶，并为其配备了勤务员，每晚多发一支蜡烛以供创作学习使用。留守部队关心人才的学习、成长和生活，使得人才源源不断地向其靠拢。

第二，推行正确的知识分子政策，保证知识分子发挥作用。抗日战争开始后，由于党实行的抗日民族统一战线，大批的革命知识分子涌向延安。"西安八路军办事处纪念馆提供的资料表明，仅西安转介至延安的青年就有两万人左右。"❷对此，毛泽东认为："没有革命知识分子革命不能胜利"❸，"工农没有革命知识分子帮忙，不会提高自己。工作没有知识分子，不能治国治党治军"❹。对此，中央军委总政治部1939年6月25日发布了《关于大量吸收知识分子和培养新干部问题的训令》，认为"吸收革命知识分子参加军队工作，成为目前干部政策上一个重要任务"。同年，12月1日，中共中央向全党发出《大量吸收知识分子的决定》。12月6日，中共中央军委发出了《关于军队吸收知识分子及教育工农干部的指示》。1941年4月23日中共中央军委又发出了《关于军队中吸收和对待专门家的政策的指

---

❶ 中国人民解放军文艺史料编辑部编，《中国人民解放军文艺史料选编》（抗日战争时期，第一册），解放军出版社，1988年版，第51页。
❷ 谭晓曙，《党在抗日根据地文化建设的主张与实践》，载于涂文学、邓正兵主编《抗战时期的中国文化》，人民出版社，2006年版，第60页。
❸ 《毛泽东文集》（第二卷），人民出版社，1993年版，第233页。
❹ 《毛泽东文集》（第二卷），人民出版社，1993年版，第233页。

示》。经过努力，党领导的八路军、新四军自抗战以来，"就吸收了上万名知识分子参加军队，绝大多数成为干部，相当多的知识分子、专门家加入了中国共产党"。

根据党的吸收知识分子的政策，其中不少人被接收吸引到边区留守部队中。1937年底，仅留守的警备四团就"陆续接收了20多名青年知识分子，主要分到连队当文化教员。他们在连队中开展识字运动，教唱歌曲，活跃俱乐部等工作中，发挥了很大作用，大大丰富了连队文化生活。同时，有一部分充实到机关当参谋、干事，加强了机关文字工作"❶。知识分子加入部队中，为部队的建设发展输入了新鲜血液，促进了部队的发展。

第三，优美的环境和浓厚的战斗气息是吸引人才的重要因素。留守边区后，由于部队长期驻扎的需要，营区建设成为首要工作。留守部队都通过自己的双手，白手起家，在许多不毛之地建设驻地营区，并将营区环境美化。浓厚的生产、战斗和学习氛围，紧张热烈的生活节奏，吸引了对革命向往的知识分子。萧三在参观南泥湾后，就曾向留守边区的第三五九旅旅长兼政委王震表示，愿意到留守兵团当兵，投身垦区战士的行列，并写了《我两次来到南泥湾》等优秀诗篇。对于大生产垦区所取得的成就，参观者络绎不绝，董必武、林伯渠、徐特立、吴玉章、谢觉哉等就常去第三五九旅南泥湾垦区参观。文化名人艾青、何其芳、吴伯箫、贺绿汀、陈凤桐等都去参观学习过。鲁艺的学员还去垦区当兵体验生活。国际友人、中外记者团、美军观察组等也曾前去参观访问。

---

❶ 陈先瑞，《陈先瑞回忆录》，解放军出版社，1999年版，第157页。

3.2.2 培养人才

第一，在职学习。领导人带头学习，留守兵团领导肖劲光、曹里怀、莫文骅等人一直参加毛泽东举办的"克劳塞维茨"研究会和哲学研究会。兵团各单位依照本单位实际情况，通过各种途径开展文化学习，提升官兵文化知识水平。驻守陇东的第三八五旅七七〇团成立了专门的"文化运动委员会"，机关采用文化摸底、编印教材、督查学习的手段，连队采取设立学习小组、重抓干部学习、与日常生活相结合等学习方法，扎实地开始学习运动。在具体学习中，根据官兵的文化程度情况分类分班学习，并根据学习实际情况增减数量；定期检查抽考学习情况；并通过开展学习交流活动、表彰先进等措施鼓励官兵。在人员编配上，团部增设文化干事编制，指导工作开展；选拔文化程度相对较高的官兵担任教员，互教互学。官兵们也在学习中创造出了"看图识字""集中识字""速识法"等学习方法，"便于文盲战士迅速掌握汉字的认识规律，使干部战士易于接受，提高较快"[1]。在抗日战争时期，留守部队不仅设立识字班、夜校等方式进行学习，同时军队的各种报刊大都设有"文化公园"等学习专栏，定期连续刊载学习内容以供官兵系统地进行文化教育。如留守兵团政治部主办的《部队生活》报，就设有"新知识"等栏目。还有不少报刊还登载一些战士们自己写的文艺作品等。

在文化学习中，留守部队还重视荣誉激励，激发官兵的学习热情。1942年7月1日，在中国共产党建党21周年的纪念日

---

[1] 张才千，《留守陇东》，甘肃人民出版社，1984年版，第84-86页。

当天,《解放日报》头版刊登了第三五九旅七团三营副营长、模范革命军人张玉清的报道,肖劲光、莫文骅等领导号召全体留守兵团官兵向张玉清学习。"边区农民中出现了吴满友,留守兵团中出现了张玉清!"❶张玉清在进行文化学习的时候,"书本、文件是他最亲密的伴侣……他对文化学习抓得很紧,没有缺过一次课"❷。七团的还编印了《向张玉清学习》的特刊。

1944年9月12日,陕甘宁边区部队模范学习者代表会议在延安开幕。10月3日,陕甘宁边区部队模范学习者代表会议进行授奖和闭幕仪式。谭政、张经武、傅钟、甘泗淇等出席并发奖。计有获奖单位208个,获奖个人1164人。这种仪式与荣誉奖励极大地促进了部队中的学习势头。

第二,自主办学。为提高留守部队中中高级干部文化素养,1940年,留守兵团开办了兵团军政训练班,分批调集兵团营以上军政干部在职学习,施以较系统的军事政治理论教育。各基层部队也先后组织各种训练班轮训官兵,提高文化水平和作战技能。不仅开设有各种识字班、文化提高班等,还根据需要开设通讯训练班、机要训练班、军政训练班、参谋训练队、测绘训练队、医疗培训队等。为了更多地培养文化干部,留守部队成立部队艺术学校,并先后在鄜县警一旅、延安警三旅、陇东一二〇师三八五旅设立三个分校。部队艺术学校在近3年的时间内,培训了近千名学员,为八路军部队和整个抗日战争输送了大量文化骨干。同时,各基层部队也因地制宜训练有文化特长的官兵。"警三旅文艺宣传队曾举办过音乐训练班……专门培养部队音乐爱好者。后来,这个训练班的学员张

---

❶《解放日报》,1942年7月1日,第1版。
❷《解放日报》,1942年7月1日,第2版。

兴点谱出了《活捉蒋魔王》《建立麟游根据地》等歌曲，梁继成谱出了《消灭马鸿逵》等歌曲，郭林谱出了《立功颂》等歌曲。又在西华池羊格垴五团驻地办过文艺训练班，包括音乐和美术，也有一定成效。"❶

第三，外出送学也是培养人才的重要手段。留守部队不仅自己创造条件提升官兵文化水平，同时也将部分官兵送往边区专门学府深造学习。"兵团一方面抽调干部到学校学习，如送马列学院的有30人，送中央党校的70人（旅团级），送抗大学习的有1092人，还有送陕北公学、安吴堡青年训练班等。"❷如留守兵团第三团团长阎红彦于1938年9月被送到马列学院学习、留守部队医院李资平等人送到中国医科大学学习。外出送学，提高了干部的专业技能和理论水平。

3.3 留守部队与边区群众文化互动交流

在延安文艺座谈会召开和整风运动开始后，留守部队更加注重走群众路线，积极向群众学习，广泛吸取群众智慧。时任陕甘宁边区联防军政治部宣传部部长肖向荣在《关于部队文艺工作问题》中指出："我们的文工团应该深入群众，经常到部队中去，一方面把我们的创造，普及到群众中去，开展群众的文艺运动，同时向群众学习，从群众中吸取新鲜的东西，使我们的创造更加丰富起来。"

---

❶ 中国人民解放军文艺史料编辑部编，《中国人民解放军文艺史料选编》(抗日战争时期,第一册)，解放军出版社，1988年版，第128页。

❷ 莫文骅，《莫文骅回忆录》，解放军出版社，1996年版，第379页。

在边区，留守部队努力提高文化知识水平，扫除文盲，这也成为边区百姓的共同追求。"'认字'在边区成为疯狂，第一个目的是阅读一千字编印的《群众报》，这已经成为一切渴求知识的老小的理想。"[1]留守部队在自己提高文化水平的同时，还帮助边区人民扫除文盲。1944年，边区政府提出"自己起来同自己的文盲、迷信和不卫生的习惯作斗争"的号召，留守部队迅速帮助群众建立识字板、墙报和黑板报，组织识字班、读报班、夜校等扫盲组织，推动群众的文化教育运动。部队与边区群众相互帮助共同进行文化建设是此时的一个重要特点。

3.3.1 参与地方群众的文化活动，相互切磋

留守部队曾多次参与边区的文化工作会议。1942年3月5日边区政府成立的由27人组成的"文化工作委员会"中，就有留守兵团政治部主任莫文骅。1942年7月1日，《解放日报》记载了留守部队艺术学校参加边区音协召集的开展工农歌咏运动会的消息。留守部队文化工作者参与各种文协会议、讨论、汇演，实质上是军队人员与地方人员一起探讨切磋文化发展、落实中央文化方针政策，既是围绕党的统一战线的工作，又对新民主主义文化工作方向起到了积极的推动作用。

"1936年至1949年这13年，在党中央、陕甘宁边区和关中分区宣传文化部门的组织领导下，一大批文艺工作者从延安和马栏（当时关中分区驻地）出发到陇东，一方面配合政治军事活动开展宣传工作，一方面深入生活从事文艺创作，并推动陇

---

[1] 斯坦因著，李凤鸣译，《红色中国的挑战》，上海希望书店，1946年10月初版，内部教学参考书，1980年3月，第139页。

东文化教育事业和群众性文艺创作和演出的发展与繁荣。"❶在这批工作者中，就有不少工作者参与到留守部队的文化建设工作当中。

1941年6月25日，由延安音协与延安文化俱乐部联合发起成立了延安乐队。部队艺术学校教员李鹰航、梁寒光参加，烽火剧团乐队的朱仲一等人参加。1941年4月19日，延安成立了延安业余杂技团，其中，就有部队艺术学校的六位同志（戏剧教员王地子、翟强、徐一支、马瑜、高波和杨啸空）参加。这是"党直接领导下的第一个杂技团"❷。此外，以留守兵团为主体的延安国乐社也时常参加边区活动与演出。部队也经常与驻地群众开展体育活动，其中驻守陇东的第三八五旅就常与陇东中学校篮球队开展比赛。

3.3.2 与边区群众交流学习中获取营养

留守部队文化工作者采用形式多样的方式开展文化工作，尤其注重因地制宜，从群众的斗争实际出发。善于利用当地群众的语言和流行的以及传统的文化形式，善于利用群众的文化需求，结合当时党的方针政策和实际情况进行文化宣传和建设，善于运用群众喜闻乐见的方式开展文化工作。在陕甘宁边区，由于"边区保安部队和边区人民最喜爱秦腔和郿鄠调。（保安部队）政治部确定（边保）剧团主要用这两种地方曲调演出。延安民众剧团是诗人柯仲平同志领导的秦腔剧团。边保政

---

❶ 中国人民解放军文艺史料编辑部编，《中国人民解放军文艺史料选编》（抗日战争时期，第一册），解放军出版社，1988年版，第122页。

❷ 中国人民解放军文艺史料编辑部编，《中国人民解放军文艺史料选编》（抗日战争时期，第一册），解放军出版社，1988年版，第78页。

治部和民众剧团商定，由边保剧团派人到民众剧团学习几个月"❶，以提高剧团的水平。

炮兵团留守屯垦南泥湾期间，"从 1942 到 1944 年，延安文艺界人士，如丁玲、艾青、朱子奇、公木，音乐家贺绿汀、向隅、杜矢甲，戏剧家吴雪、欧阳山尊、陈戈，美术家张汀等曾先后到炮团驻地生活、演出，并指导我们的文艺工作"❷。

第三八五旅"宣传队经常派人同当地业余文艺爱好者、中小学教员和青年、妇女救国联合会会员，共同组织戏剧、音乐、美术等活动。还派人协助陕甘宁边区音乐工作者协会陇东庆阳分会，在群众中开展秧歌等活动"❸。"宣传队员们往往自带行李、道具和乐器（胡琴、唢呐、锣鼓），深入连队和山区农村进行演出。夜间在小院或野地演唱，雨天在土窑洞里演唱，就是几个观众，也照样演唱。他们一到连队，先了解连队的英雄事迹，然后写成快板、大鼓词和歌曲，当夜演唱给战士听，战士听了心里很高兴。对当地群众也是这样。比如有一次正遇到当地群众扑灭瘟疫，他们就演唱讲卫生，防疾病等，很受群众的欢迎。"❹

3.3.3　注重依靠、团结、影响群众

1938 年 10 月，毛泽东在《中国共产党在民族战争中的地

---

❶ 中国人民解放军文艺史料编辑部编，《中国人民解放军文艺史料选编》（抗日战争时期，第一册），解放军出版社，1988 年版，第 196 页。

❷ 中国人民解放军文艺史料编辑部编，《中国人民解放军文艺史料选编》（抗日战争时期，第三册），解放军出版社，1988 年版，第 62 页。

❸ 中国人民解放军文艺史料编辑部编，《中国人民解放军文艺史料选编》（抗日战争时期，第一册），解放军出版社，1988 年版，第 186 页。

❹ 中国人民解放军文艺史料编辑部编，《中国人民解放军文艺史料选编》（抗日战争时期，第一册），解放军出版社，1988 年版，第 188 页。

位》的报告中指出:"共产党员是共产主义的马克思主义者,但是马克思主义必须和我国的具体特点相结合并通过一定的民族形式才能去实现……按照中国的特点去应用它,成为全党亟待了解并亟待解决的问题。洋八股必须废止,空洞抽象的调头必须少唱,教条主义必须休息,而代之以新鲜活泼的、为中国老百姓所喜闻乐见的中国作风和中国气派。"由于各种原因,在一些文化活动上,也曾"产生若干脱离群众、脱离实际的形式主义的弊病"❶,这种现象也随着延安整风运动和对《在延安文艺座谈会上的讲话》的学习后,落实与群众相结合的思想后得以很快地消除,取得了文化建设的一个发展高潮。

创作出好的作品,必须来源于生活,来源于群众,则首要必须要团结群众。炮兵团怒吼剧社在留守洛川整训的时候,就十分注意去团结驻地群众,影响群众。"洛川城里有一所中学,我们(剧社)派人去做学生工作,有一些学生和教员成了我们的好朋友,当我们在洛川城里写大标语和画宣传画的时候,他们成了我们的得力助手,扩大了共产党和八路军的影响。"❷部队艺术学校一分校学员也积极帮助边区人民生产收获。当学员"探知抗属李吉文家正忙着除草,当即抽出两个最善于除草的同志,帮助他家除了四天"❸。

在与群众的交流中,群众的日常生活如婚丧嫁娶、耕地治病都成为留守部队开展文化工作,进行文艺创作的素材。不但从群众中获得文艺发展的素材,也在用文艺的方式影响群众,

---

❶ 中国人民解放军文艺史料编辑部编,《中国人民解放军文艺史料选编》(红军时期,上册),解放军出版社,1986年版,第23页。

❷ 中国人民解放军文艺史料编辑部编,《中国人民解放军文艺史料选编》(抗日战争时期,第三册),解放军出版社,1988年版,第53页。

❸《解放日报》,1942年7月13日,第2版。

并促进了部队文艺事业的大发展。兵团战士在训练生产之余，经常歌唱革命歌曲，如《国际歌》和《红军纪律歌》等，利用歌曲的形式宣传革命理想、鼓动群众。这一时期，出现了许多由军民创作的革命歌谣。在这些革命歌谣中，"一部分革命歌曲由红军从外地带来，一部分借旧的民歌、山歌、情歌的曲调，编上新的革命内容"❶。在留守兵团革命歌谣中，不论从创作来源上还是从歌谣内容上看，歌唱部队和军民关系的数量都很多，这也不难看出留守部队战士在边区的巨大影响力。第三八五旅七七〇团宣传队曾加工改编红色歌谣，谱写成了《留守军民歌》。歌曰：

陇东红枣树根盘根，

八路军和老百姓一家亲；

子弟兵是鱼啊人民是水，

鱼水深情呦心连心！❷

留守部队还注重帮助地方群众开展体育学习运动，与群众共同进步。在1940年3月创办的陕甘宁边区陇东中学，开设了体育课程，"在军事训练课教学中，聘请三八五旅干部战士任教。由于教学方法得当，深受学生欢迎。如教手榴弹投掷课时，先讲手榴弹结构、原理和功能，使学生对手榴弹有一个大概的了解，随后讲解投掷方法，并做示范表演，现身说法，教学效果较为突出"❸。"1944年春节，（三八五）旅宣传队扭着秧歌在悦乐给华池县委、县政府拜年，随后与县机关干部进行了

---

❶ 肖云岭、陈钢，《井冈山革命根据地文化建设史》，江西人民出版社，2007年版，第103页。

❷ 张才千，《留守陇东》，甘肃人民出版社，1984年版，第181页。

❸ 甘肃省地方史志编纂委员会、甘肃省体育志编纂委员会编纂，《甘肃省志》（第六十八卷，体育志），甘肃人民出版社，1997年版，第630页。

一场篮球友谊赛。旅部篮球队员精湛的球艺给在场的群众留下了深刻的印象。"❶在三边分区,"每逢星期天,机关篮球队(专署、银行等单位)、军队篮球队(警一团,后改为警备三旅)、三边公学篮球队、定边中学篮球队等,经常相互进行比赛"❷。

坚持群众路线,是留守部队开展文化工作的一个最明显特点。在较短的时间中就取得了很大的文化建设成绩,原因何在?蒋南翔曾说道:"这种神圣的事业,这种伟大的教育运动,我们可以骄傲地说,只有在共产党所实施的为人民大众服务的教育方针下面,才有实现的可能。"❸

---

❶甘肃省地方史志编纂委员会、甘肃省体育志编纂委员会编纂,《甘肃省志》(第六十八卷,体育志),甘肃人民出版社,1997年版,第636页。

❷陕西省地方志编纂委员会编,《陕西省志》(第七十三卷,体育志),陕西人民出版社,1995年版,第61页。

❸《陇东文化运动中的新任务》,载于《解放日报》,1944年10月2日。

第4章 八路军留守部队文化建设的作用

由于文化建设对经济建设和政治建设具有巨大的反作用，则每一统治阶级都重视文化建设，每一阶级也会动用其力量做好文化建设。"文化的力量，深深熔铸在民族的生命力、创造力和凝聚力之中。"[1]军队自然是民族力量的重要一支。在暴风骤雨的革命和社会转变时期，"革命是历史的火车头"[2]。而军队所代表的"暴力是每一个孕育新社会的旧社会的助产婆"[3]，推动着社会的前进。在和平时期，军队又以其维护统治阶级统治的柱石性质以及庞大的强制力影响和推动着统治阶级文化建设的发展。

4.1　展示了边区社会政治新面貌

为维护边区政权稳定和新民主主义社会的安定环境，留守部队官兵先后肃清了边区内的40余股匪患，打破了三次顽固派的反共高潮；对外配合黄河东面的八路军和友军与日本侵略者战斗，保证河防安全。经过两方面的军事行动，从基本上肃清了国民党反动顽固派在边区内的残余势力，清除了猖獗嚣张的匪祸，边区社会秩序迅速安定团结。共产党和边区政府在人民群众中的权威牢固树立起来。

---

[1] 中共中央宣传部，《"三个代表"重要思想学习纲要》，学习出版社，2003年版，第71页。
[2] 马克思，《1848年至1850年的法兰西阶级斗争》，载于《马克思恩格斯全集》（第十卷），人民出版社，1998年版，第214页。
[3] 马克思，《资本论》，《马克思恩格斯全集》（中文2版，第44卷），人民出版社，2001年版，第861页。

4.1.1 坚定了边区人民抗战的决心和信心

"土匪和军阀是本地的特产。"[1]这是历史学家对陕甘宁边区的描述。在八路军主力部队开赴前线之时，边区仍有大大小小的多股匪患存在，这对边区人民群众的生产生活构成了威胁。由于政策策略正确，留守兵团在党中央、中央军委和边区政府的指导和帮助下，成功地解决了边区的匪患问题，基本肃清了边区内的反党反人民武装，这为边区的政治、经济、文化等方面的建设奠定了稳定的基础。同时，留守部队配合黄河以东的八路军抵御抗击日军的侵略，取得黄河河防战斗的胜利。抗击日军的胜利和边区匪患的肃清，保证了边区政权安全稳定，为发展新的文化建设扫清了障碍，创造了良好的环境。同时，留守部队的文化活动也配合了军事行动，并通过丰富多彩的文化形式将党中央和军队坚持抗战的理论和行动展现给边区群众，从而坚定了边区军民坚持抗战的决心和信心。

4.1.2 团结友好力量，创造良好的文化环境

一是对友军的统战工作。留守部队注重运用文化手段团结友好力量。最主要是对国民党军队进行宣传教育，以巩固和发展统一战线。

原烽火剧团成员张勃回忆道，"我们唱的是团结抗战的歌曲，演的是激发军民抗日斗志的戏剧，跳的是活跃军民情绪的

---

[1] 莱曼·范斯莱克，《中日战争时期的中国共产主义运动，1937—1945年》，载于《剑桥中华民国史(1912—1949年)》(下卷)，中国社会科学出版社，1998年版，第723、724页。

舞蹈，他们（友军）听得看得入神，感到形式活泼，内容新鲜，他们不能不意识到：能够看到、听到八路军宣传队的演唱是新鲜事，机会难得"。"在给原东北军的部队演出时，就上演《松花江·九一八》《放下你的鞭子》等剧，选用《打回老家去》《流亡三部曲》等歌曲，激发东北军广大官兵的爱国热情，鼓舞他们的抗日士气。事实上，西安事变前后我军就有做东北军工作的传统，因此，东北军的将士对我军的文艺演出也是十分欢迎和配合的。我军文艺工作者在节目编排上所做的用心安排，激发了观看演出的东北军官兵由丧家辱国的悲痛到对日本侵略者极大愤怒，取得了宣传教育的最好效果。"❶

烽火剧团1938年在绥德进行巡演的时候，曾组织过一次为国民党十七路军赵寿山部所进行的专场慰问演出，上演了剧目《放下你的鞭子》。剧中有父女两人自"九一八"事变后流亡关内靠卖艺为生，"老头叫女儿练武翻腾，但她体弱不支，一个跟头未翻过去，气得老头执鞭就打，打得女儿实在可怜，当即由观众中跳出一人，阻挡老头，叫老头'放下你的鞭子'！质问老头问什么这么狠心？由此引出父女二人诉说国民党政府的不抵抗政策，使那里的人民流浪街头，无家可归之痛苦。如此情景，友军官兵看在眼里，很感动。十分同情这父女俩及东北人民的不幸遭遇，从而激发起坚决抗日情绪"❷。炮兵团怒吼剧社在洛川留守整训期间，"多次到洛川城里友军的伤病医院去慰问

---

❶ 中国人民解放军文艺史料编辑部编，《中国人民解放军文艺史料选编》（抗日战争时期，第一册），解放军出版社，1988年版，第176页。

❷ 中国人民解放军文艺史料编辑部编，《中国人民解放军文艺史料选编》（抗日战争时期，第一册），解放军出版社，1988年版，第45页。

演出"❶。驻守临镇的警三团"平时,创造机会和友军交往,有文艺演出或球类比赛,邀请友军观看;节日,主要领导参加相互拜访"❷。

1942年,第三五九旅在南泥湾屯垦地靠近旅部金盆湾的陶宝峪修建了一所精巧别致的招待所,接待慕名而至的来访者。当时在延安休养的著名爱国将领、晋绥边区行政边署主任续范亭,1942年7月应朱德邀请,来陶宝峪招待所住了一段时间,目睹这一改造自然的劳动伟绩,身心愉快,激情满怀,一口气写下了二十多首充满激情的诗作,定名《南泥杂咏》。其中一首《赞语》赞扬王震屯田成就:"敌后撑持不世勋,延安建设赖将军,千金三致陶朱富,马上经营让此公。"1941年,驻守边区南大门的警四团与其正面驻防的马鸿逵部队暂编二师部属交朋友,注重以民族习俗接待,"双方经过几次联系会商,决定以我方的盐、煤、药材,与他们的布匹、棉花、日用百货进行等价交换。他们表示,绝不反共,不会主动进攻边区,如上边有命令时,也是对空射击,请我方谅解"❸。同时,留守兵团肖劲光、绥德警备区司令陈奇涵主动与国民党第二十一军团军团长邓宝珊部经常进行交流联系,保证双方友好团结,达成默契,协同抗敌,在缓解了边区北部的军事压力的同时,"不仅货运无阻,还尽量利用私人关系,从蒋管区转贩一些边区急需的短缺物资"❹。

留守部队的统战工作受到中央的重视,1941年7月,中央

---

❶ 中国人民解放军文艺史料编辑部编,《中国人民解放军文艺史料选编》(抗日战争时期,第三册),解放军出版社,1988年版,第53页。

❷ 崑岑,《父亲杜平——纪念杜平将军一百周年》,上海文艺出版社,2008年版,第64页。

❸ 陈先瑞,《陈先瑞回忆录》,解放军出版社,1999年版,第196页。

❹ 《陈奇涵传》编写组,《陈奇涵传》,军事科学出版社,1997年版,第205页。

统战部、中央军委、总政治部向全军转发了《介绍陕甘宁边区、留守兵团与友军交朋友工作的经验》。[1]全军开始学习留守部队与友军开展工作的做法。

二是对少数民族同胞及其武装力量的统战工作。抗日战争是包括广大少数民族同胞在内的全体中华民族的救亡战争，要想取得战争的胜利，必须团结少数民族同胞。陕甘宁边区地处西北，如回族、蒙古族、藏族、维吾尔族、裕固族等少数民族人数众多，其中不少拥有民族武装力量。留守部队驻地分散，周边不可避免地要接触到少数民族官兵。对少数民族官兵的统战也对边区的安全稳定和实现党的民族宗教政策产生积极的影响。

留守兵团领导人积极参加边区筹备的少数民族文化团体。1940年1月，陕甘宁边区文化协会第一次代表大会通过了组织少数民族文化促进会的议案。会后，在筹备少数民族文化促进会中，兵团领导人均参加了筹备委员会。其中，有留守兵团司令员兼政委肖劲光，以及留守兵团其他领导人如莫文骅、高岗、王维舟、习仲勋等。莫文骅还代表留守部队官兵参加了成吉思汗灵榇迎灵、祭典仪式。[2]

留守部队重视团结民族同胞武装力量。1941年，宁夏海固地区回族农民马思义为反抗国民党统治武装起义，失败后决定奔赴陕甘宁边区。1941年农历六月初六，起义军200多人在马思义等人的率领下进入陕甘宁边区的环县庙儿掌。进入边区后，陇东军分区司令员王维舟接待了他们，并派兵保护其不受国民党军队的袭击。后联防司令部与其协商，将该部队编为回民抗日骑兵团，直属联防司令部，由第三八五旅代管。并向其

---

[1] 莫文骅，《莫文骅回忆录》，解放军出版社，1996年版，第371页。
[2] 李维汉，《回忆与研究》（下册），中共党史出版社，2013年版，第356-357页。

部进行革命教育,选派干部进修学习。"自此,回民抗日骑兵团在党中央和边区联防司令部的领导下,同边区的其他部队一样,为保卫边区、保卫党中央而战斗,在抗日战争和解放战争中为中国人民的解放事业做出了不可磨灭的贡献。"❶

4.1.3 促进了边区军民的团结

为克服军队中存在的不尊重政府、违反群众纪律的现象,进一步密切军政、军民关系,在中共中央、中央军委和毛泽东的领导与推动下,从1942年开始,陕甘宁边区的部队首先开展了拥政爱民运动。

1942年10月19日至1943年1月14日,在西北局高级干部会议和陕甘宁边区部队军政干部会议上,留守部队干部和地方干部都各自检查了军政军民关系存在的问题。为了克服各自的缺点,加强军政、军民团结,建设和巩固抗日根据地,经军队和地方政府商定,分别在部队和地方开展一次"拥护政府、爱护人民"和"拥护军队"的运动。据此,1943年1月15日,陕甘宁边区政府公布了《拥护军队的决定》《拥军公约》和《"开展拥军运动月"的工作指示》。1月25日,八路军留守兵团司令部和政治部发布《关于拥护政府爱护人民的决定》,要求边区部队必须提高全军拥护政府、爱护人民的认识,使党政军民更加团结一致。同日,留守兵团政治部发出《关于拥政爱民运动月的工作指令》,决定从2月5日至3月4日为边区部队拥政爱民月。2月1日,留守兵团公布了人民军队历史上第一个拥政爱民公约。内容是:服从政府法令;保护政府,帮助政府,尊重政

---

❶ 李维汉,《回忆与研究》(下册),中共党史出版社,2013年版,第395页。

府；爱惜公共财物；不得侵犯群众利益；借东西要送还，损失了要赔偿；积极参加生产，减轻政府和人民的负担；帮助人民春耕秋收和冬藏；帮助人民进行清洁卫生运动；了解民情风俗，尊重民情风俗；向人民宣传，倾听人民意见。留守部队的文化团体也以此为创作题材，大量军民团结友好的文化作品被创作出来，配合着双拥工作的开展。从此，陕甘宁边区开始出现了军队拥政爱民与政府拥军优抗互为呼应、互为推动的局面，军政、军民之间的某些隔阂和误会逐渐消除，进一步增进了军政、军民团结，密切了军政军民关系。

　　八路军留守兵团拥政爱民和陕甘宁边区拥军优抗的成功经验很快就被推广到敌后各抗日根据地。1943年5月8日，《解放日报》发表《拥军运动和拥政爱民运动的经验》的社论，号召各抗日根据地部队学习和借鉴陕甘宁边区部队开展拥政爱民的做法。1943年10月1日，毛泽东在为中共中央起草的《开展根据地减租、生产和拥政爱民运动》的指示中，明确地指出：应准备于1944年阴历正月普遍地、无例外地举行一次拥政爱民和拥军优抗的广大规模的群众运动。并要求军队方面，重新宣布拥政爱民公约，自己开检讨会，召集居民开联欢会（当地党政参加），有损害群众利益者，实行赔偿、道歉。以后应于每年正月普遍举行一次。1943年10月14日，毛泽东在西北局高级干部会议上又强调：一切问题的中心是老百姓的问题，武装的人民（军队）与非武装的人民要打成一片，必须要有政策来实现，只要军队能拥政爱民，政与民是会爱军队的。1943年12月10日，中共中央发出《关于拥政爱民拥军运动的指示》，规定1944年旧历正月全月为拥政爱民月与拥军月。在中共中央和毛泽东的指示下，各根据地的军队领导机关，都先后发出指示，重新公布拥政爱民公约，使拥政爱民运动蓬勃地开展起来。在此期间，涌现出许多拥政爱民的先进人物，如"马定夫爱民模范连"等。这些先进集体经及时宣扬后，拥政爱民运动与拥军优抗运动开展更加广泛，使根据地军民达到了空前的大团结，有效地保障了对敌斗争的开展和胜利。从此，拥军爱民运动便成为军队新的光荣传统，并坚持、继承和发扬下来。

4.2 促进边区军民思想观念变化

在中国，人民军队既是武装集团又是文化集团，总是最先将党的理论创新和文化方针消化、吸收，并且在斗争实践中不断地丰富着党的创新理论。同时，军队作为一支暴力力量，通过发挥自己的强制性的特性，加速了对旧社会、旧思想的批判，并将党的创新理论带到军队所到达的每一个地方，加速了人民思想的解放和先进理论的传播。如果说理论的变革是社会变革的先导，那么，军队则是促成这个变革的助力器。军队文化建设通过对旧社会、旧时代、旧制度、旧思想进行深刻的批判，更新人们的观念，解放人民的思想。

4.2.1 改变了边区的旧意识、旧观念

风俗是在特定的社会文化区域内人们长期以来共同遵守的行为规范。传统的风俗形成于漫长的封建宗法社会，在无形中

充当着封建意识形态的载体。❶在土地革命时期,以愚弄人民、奴役人民为基本特征的封建迷信活动,与中国共产党领导下的土地革命显然格格不入。共产党领导的军队是以马列主义毛泽东思想为指导的,坚持唯物主义。对于人民军队来说,坚决反对鬼神、迷信等观念,在人民军队能触及的地方,及时予以消灭和抵制,并通过教育宣传及文化科学知识普及,达到彻底消除人民群众落后的鬼神、迷信观念。由于历史原因,抗日战争初期陕甘宁边区群众深受巫医迷信之苦,全区巫神达2000余人。巫神治病不仅给边区群众的生命安全造成了威胁和残害,也成为群众观念上的一道绳索。

在边区,留守部队用厉禁与宣传教育相结合,用科学思想文化破除民众对鬼、巫的崇拜与信仰。留守部队各个单位救亡室(俱乐部)经常性地开展科学演讲,学校除作反宗教迷信运动的报告外,还用马克思主义的立场分析了迷信、宗教产生的根源及实质,编演戏剧,揭露迷信、宗教的荒谬,提倡一切科学的思想。

"《治病》是翟强同志编导的一个歌剧,李鹰航同志用民歌小调谱曲。这是一个通俗易懂的民间形式。内容是描写在抗日根据地里,有个封建迷信的老太婆,儿子参加八路军打仗在外,家里儿媳生了病,她老脑筋,不相信八路军医生治病,迷信巫医跳神,小孙女五元和一伙小同伴请八路军医生治病,这样引起冲突。在此情况下,正好有个假扮巫医的汉奸钻空子,取得老太婆的信任,病越治越重,小孙女五元和小伙伴们联合起来和她的老奶奶七斗八斗,终于揭露了假巫的汉奸真面目,

---

❶ 张玉龙、何友良,《中央苏区政权形态与苏区社会变迁》,中国社会科学出版社,2009年版,第130页。

请了八路军医生就医，药到后病情大为好转，这样不仅用事实教育了老太婆，从而提高了八路军在人民群众中的威信，也教育了根据地人民，防止汉奸破坏抗日后方。"❶可以说，部队的文化工作起到了传播发散先进科学文化，教育普通群众的作用。

从提高边区民众的文化水平入手，彻底破除迷信。留守部队在边区普遍开设群众性夜校和识字班（组），教育内容不仅是一般的知识文化，还包括思想政治教育和科学知识，反对迷信也当然在授课内容之中。通过教育使群众懂得迷信是封建残余的恶习，欺骗、剥削工农的东西，一致起来反对和铲除这种恶习。延安鲁艺美术系主任王曼硕回忆说："我们刚到桥儿沟时，到街上画速写，常是遭到被画人的拒绝。他们有种迷信的看法，认为人被画上了灵魂就会被吸走，但到后来再画时，他们不但不躲避，反而愿意让画，等你画完，还要过来看看画的像不像。许多男女小孩经常到学校里来，自己找我们给他们画像。这是因为他们通过墙报认识了美术的用途，自然破除了迷信的观点。"❷

4.2.2　促进了先进意识观念的萌生

"全部革命的历史表明，军队是来自不同省份的不相往来的工人和农民的唯一集合点，他们在这里聚集在一起并形成他们的政治观点……军队是工人和农民的学校，是工人和农民的集

---

❶ 中国人民解放军文艺史料编辑部编，《中国人民解放军文艺史料选编》（抗日战争时期，第一册），解放军出版社，1988年版，第51页。

❷ 王曼硕，《延安鲁艺美术系的绘画教育》，载于《延安文艺丛书》（文艺理论卷），湖南人民出版社，1984年版，第859页。

合点"❶，在人民军队这个大集合体中，先进的意识观念也会逐渐影响并扩散到社会上。

一是平等民主观念的树立。中国的封建制度长期存在，这是一个等级森严、有着严格的高低贵贱之分的社会，人与人之间的关系极度不平等，普通人民的平等观念也极其淡薄。在旧军队，封建军阀和雇佣军队在政治上对地主和资产阶级人身依附，在经济上备受压迫，毫无平等、民主可言。而在留守部队，"三大民主"的推行，士兵委员会的设立，真正从经济和政治上保证了平等和民主。士兵也可批评军官，军官也积极向士兵学习。同时，对人民军队的军官来说，个人价值取向也从向上负责转向向下负责。在和地方群众交往的时候，"广大干部和指挥员在战争过程中争取群众，真心实意地为战士服务"❷，民主平等观念也逐渐树立起来。"少先队员喜欢红军，大概是因为在红军中，他们生平第一次受到人的待遇。他们吃住都像人；他们似乎每件事情都参加；他们认为自己跟任何人都是平等的。"❸

二是法治观念的树立。留守部队讲求纪律，是一支有着严明纪律的军队，生活、工作、学习、训练都有章可循，条令条例、法律规定齐全完备，这是旧军队所不及的。旧军队中毫无法治和人权而言，士兵的升迁和性命完全掌握在上级的手里，人治情况严重。而留守部队中通过士兵委员会、军人俱乐部等活动，尤其是对军队规章制度的学习，官兵对法律和制度有了初步认识；同时，留守部队征求官兵的意见，不断健全规章制

---

❶ 斯大林，《俄共(布)中央委员会的组织报告(节选)》(1923年4月17日发表)，载于《斯大林军事文集》，战士出版社，1981年版，第118—119页。
❷《毛泽东选集》(第一卷)，人民出版社，1991年版，第136页。
❸ 埃德加·斯诺，《西行漫记》，三联书店，1979年版，第300页。

度,并配合着学习地方政府的法令法规,使得官兵对法治的理解进一步加深,法治的观念也进一步增强。

三是劳动光荣观念的树立。在留守部队,尤其是在开展生产运动后,劳动光荣已经成部队战士和群众相同的信仰。在整个边区留守部队开展大生产运动的地方,"从丘陵到山沟,从河滩到原野,到处都是开荒种地的人群,到处响起赞颂劳动的歌声"❶。"在部队的生产运动中组织张治国运动,郝树才运动,胡青山运动,赵占奎运动,武生华运动,冯振僧运动,冯国玉运动"❷等。王震等22位劳动英雄受到表彰,留守兵团政治部曾经先后编写了《边区劳动英雄模范录》等书籍,他们的故事通过包括留守部队及边区的报刊、杂志等各种宣传手段,在边区和根据地广为流传,人们的劳动观念极大地增强起来,热爱劳动、崇尚劳动的氛围和风气逐渐形成起来。"劳动光荣,懒惰可耻"成为广大人民群众和军人信守的标准。在旧社会中被鄙夷的"下等人""贱民"成为受人尊敬的劳动状元,他们的"画像同毛泽东、朱德同志的画像一起挂到了主席台上"❸,边区军民对劳动英雄也产生了尊敬之情,并身体力行地去奉行努力生产的要求,劳动光荣成为边区军民的坚定信仰,整个边区社会风气积极向上。

四是学习先进的观念树立。在留守部队的部队整训中,学习模范者成为训练风气。官兵不仅向刺杀、投弹、射击等训练标兵学习,同时也在文化学习中向优秀者学习。在留守部队,

---

❶ 莫文骅,《莫文骅回忆录》,解放军出版社,1996年版,第389页。
❷ 《关于军队政治工作问题》,一九四四年留守兵团政治部在西北局高级干部会议上提出的政治工作报告。
❸ 张希贤、王宪明、张伟良,《毛泽东在延安——关于确立毛泽东领导地位的组织人事、理论宣传和外交统战活动实录》,警官教育出版社,1993年版,第110页。

文化学习成为军人积极向上的一种风气，学习光荣成为营区内外的一致风气。"因为全团干部文化水平低，所以一听说搞'文化学习'，大家当然高兴喽！"❶毛泽东同志说道："为了全民族的解放，他们敢于用生命同敌人搏斗；为了革命工作的需要，他们又时刻同自身的落后与愚昧战斗，努力把自己造成有觉悟、有文化的先进分子。有这样的战士，我们的革命事业，真是大有希望，大有前途啊！"❷

4.3　培养了大量干部，积蓄了革命力量

毛泽东曾经指出："我们要战胜敌人，首先要依靠手里拿枪的军队。但是仅仅有这种军队是不够的，我们还要有文化的军队，这是团结自己，战胜敌人必不可少的一支军队。"❸留守部队驻地环境相对和平，是培养训练干部的理想场所。抗战期间留守部队向抗日战场培养输送了大量干部。原留守兵团政治部主任莫文骅回忆道，"5年来，留守兵团部队培养选拔的干部，除满足兵团本身的发展需要外，还向前方兄弟部队输送了团以下干部1530人。到抗战后期，党中央和中央军委组织留守兵团部分部队及驻陕甘宁边区其他部队，共20多个主力团，并抽调大批干部，开赴前线。……这些部队奔赴抗日前线，表明留守兵团及驻陕甘宁边区部队胜利地完成了党中央赋予的储备反攻力量的光荣使命"❹。

---

❶ 张才千,《留守陇东》,甘肃人民出版社,1984年版,第80页。
❷ 张才千,《留守陇东》,甘肃人民出版社,1984年版,第80页。
❸《毛泽东选集》(第三卷),人民出版社,1991年版,第847页。
❹ 莫文骅,《莫文骅回忆录》,解放军出版社,1996年版,第359-360页。

留守部队不仅培养了大量的军事干部,还培养出了我军大量的文化工作干部。抗战时期,党中央明确提出"挑选对文化工作有兴趣的青年知识分子开办各种文化工作干部的学校或训练班,以培养新的文化工作干部",更明确提出"选择机关部队中有文艺天才的'小鬼',给以长期的训练,亦甚重要。鼓励文化人去担任一定的教课,是必要的"。❶在这样的号召和指示下,留守部队通过开办干部训练班、部队艺术学校等方式,运用正规化的方式来训练和培养文化工作干部。经留守兵团部队干部训练班、部队艺术学校等机构培训之后,学员们的思想意识、艺术水准和文化水平都有了质的飞跃,离开训练班或者学校后,绝大多数官兵都走上了文化工作战线,成为军队文化工作的主力。其中部队艺术学校"为部队培养了一批文艺工作骨干,促进部队文娱活动的活跃开展"❷。很多学员在学习期间就展现出了较高的文学艺术才能,成为边区文化发展的先锋。学习完毕后,官兵们返回部队、走向前线、奔向解放祖国的每一个战场,开展宣传、演出、教育等活动。许多战士,后来都成为我军、我国文化战线上的名家,成为领导文化工作的铿锵名将。部分干部即使后来因工作需要调整离开部队工作,也是能独当一面的文化工作干部。

---

❶ 中央宣传部、中央文化工作委员会《关于各抗日根据地文化人与文化团体的指示》,1940年10月10日。
❷ 莫文骅,《莫文骅回忆录》,解放军出版社,1996年版,第375页。

4.4　为军队文化建设探索了经验

留守部队的文化建设，为解放战争时期及中华人民共和国成立后我国军队的文化建设奠定了基础，探索了经验。

一是军队文化工作者要结合战斗任务开展工作。从事部队文化的工作者，其基本属性就是军人，军人的职责就是战斗并不断提高战斗力，军队的文化工作者不能离开战斗而进行文化工作。在留守部队进行作战的时候，文化工作者是一支重要的力量。在河防作战中，跟着这支部队渡河追击的，还有到河防部队慰问演出的烽火剧团的一些文艺战士。回到延安后，党中央机关报《新中华报》的记者采访了烽火剧团的文艺战士。他们以耳闻目睹的事实，愤怒地揭露了日军滥杀无辜、蹂躏柳林地区的罪行，同时生动地讲述了我留守兵团渡河部队追歼日寇的动人事迹。

二是建设与军队主要任务相称的文化工作队伍和制度。在留守部队，开展文化工作的团体根据部队的任务转换调整，先后有剧团、研究班、学校、工作团等多种团体形式，并不断调整学习制度和学习内容，创作主题和开展工作的方法也在相应调整。尤其是部队艺术学校的开办，也为军队艺术学校的教学、培养、研究工作积累了经验。部队文化团体的活动也为后来各个解放区军队文化团体活动奠定了雏形。当前，我国军队的文化工作团体、工作队伍和管理制度也需要根据军队的任务和社会要求不断进行调整。"革命的文艺，应当根据实际生活创造出各种各样的人物来，帮助群众推动历史的前进……使人民

群众惊醒起来，感奋起来，推动人民群众走向团结和斗争，实行改造自己的环境。"❶

在军队体育建设方面，也是如此。在留守部队，军队体育团体也大多与战斗紧密结合。各个单位的篮球队、排球队队员就是需要作战训练的官兵，并无有异于普通士兵之处。进行训练的体育项目也与作战紧密相关。整个队伍的目标就是为提高战斗力服务，为军队的主要任务服务。

三是重视对外交流和统战工作。留守部队在文化工作中，重视对外交流，能及时地展现自己的政治优势、武装实力和抗战决心。在留守期间，社会民主人士、中外记者团和美军观察团先后访问边区，留守部队也成为各种团体的重要访问单位，在访问中，各单位以真诚、开放的态度展现了自己的精神风貌和优秀成绩，为配合中央及整个边区的工作赢得了主动。

四是注重学习，努力建设学习型军队。留守部队开展的学习运动，提升了官兵的文化素养。"1938年7月，第二次兵团首长会议遵照毛主席的指示，提出'努力开展学习运动，把部队建成战斗的学校'。"❷在留守部队中，官兵通过保证教育时间、增加培训次数、保证教育经费、稳定教育队伍等措施手段加强官兵的文化素质学习，使得部队的文化建设有了大的飞跃。随着时代的发展，战争形态的变革对人的知识水平和素质能力提出了更高的要求。为建设强大的国防力量，必须建设学习型的军队。要设法让官兵在军营中享受高质量的文化生活，愉快地生活和工作，促进自我发展，从而有充分的能力胜任工作岗位要求和职责要求。

---

❶《毛泽东论文艺》，人民文学出版社，1992年版，第49页。
❷ 第一二〇师陕甘宁晋绥联防军抗日战争史编审委员会，《第一二〇师陕甘宁晋绥联防军抗日战争史》，军事科学出版社，1994年版，第360页。

参考文献

[1] 马克思恩格斯选集:第1卷[M].北京:人民出版社,1995.

[2] 马克思恩格斯文集:第9卷[M].北京:人民出版社,2009.

[3] 马克思恩格斯全集:第10卷[M].北京:人民出版社,1998.

[4] 马克思恩格斯全集:第44卷[M].北京:人民出版社,2001.

[5] 列宁全集:第38卷[M].北京:人民出版社,1986.

[6] 斯大林军事文集[M].北京:战士出版社,1981.

[7] 毛泽东选集:第一卷[M].北京:人民出版社,1991.

[8] 毛泽东选集:第二卷[M].北京:人民出版社,1991.

[9] 毛泽东选集:第三卷[M].北京:人民出版社,1991.

[10] 毛泽东年谱(1893—1949):中[M].北京:中央文献出版社,2005.

[11] 朱德选集[M].北京:人民出版社,1983.

[12] 邓小平文选:第一卷[M].北京:人民出版社,1994.

[13] 中共中央宣传部."三个代表"重要思想学习纲要[M].北京:学习出版社,2003.

[14] 中央档案馆.中共中央文件选集:第十一册[M].北京:中共中央党校出版社,1991.

[15] 中央档案馆.中共中央文件选集:第十二册[M].北京:中共中央党校出版社,1991.

[16] 中央档案馆.中共中央文件选集:第十三册[M].北京:中共中央党校出版社,1991.

[17] 辞海[M].缩印本.上海:上海辞书出版社,1980.

[18] 章绍嗣,田子渝,陈金安.中国抗日战争大辞典[M].武汉:武汉出版社,1995.

[19] 李双江.中国人民解放军音乐史[M].北京:解放军出版社,2007.

[20] 郭邦玉.解放军戏剧史[M].北京:中国戏剧出版社,2004.

[21] 刘敏.中国人民解放军舞蹈史[M].北京:解放军文艺出版社,2011.

[22] 黄河,张之华.中国人民军队报刊史[M].北京:解放军出版社,1966.

[23] 李伟.摇篮情军旅爱——延安、东北、中南部队艺术学校纪念文集[M].北京:长征出版社,1995.

[24] 江西师范大学中文系苏区文学研究室.江西苏区文学史[M].南昌:江西人民出版社,1984.

[25] 江西省档案馆.湘赣革命根据地革命史料选编:上册[M].南昌:江西人民出版社,1984.

[26] 中国人民解放军文艺史料编辑部.中国人民解放军文艺史料选编·抗日战争时期:第一册[M].北京:解放军出版社,1988.

[27] 中国人民解放军文艺史料编辑部.中国人民解放军文艺史料选编·抗日战争时期:第三册[M].北京:解放军出版社,1988.

[28] 解放军艺术学院文艺史编写组.中国人民解放军文艺史初编[M].北京:解放军文艺出版社,1997.

[29] 陕甘宁边区财政经济史编写组,陕西省档案馆.抗日战争时期陕甘宁边区财政经济史料摘编:第6编[M].西安:陕西人民出版社,1981.

[30] 埃德加·斯诺.西行漫记[M].北京:三联书店,1979.

[31] 哈里森·福尔曼.北行漫记——红色中国报道[M].路旦俊,陈敬,译.长沙:湖南出版社,1993.

[32] 包瑞德.美军观察组在延安[M].万高潮,卫大匡,等译.北京:解放军出版社,1984.

[33] 斯坦因.红色中国的挑战[M].李凤鸣,译.上海:上海希望书店,1980(1946年10月初版,内部教学参考书).

[34] 教育科学研究所筹备处.老解放区教育资料选编[M].北京:人民出版社,1959.

[35] 宁夏通志编纂委员会.宁夏通志:第20卷·卫生体育卷[M].北京:方志出版社,2007.

[36] 陕西省地方志编纂委员会.陕西省志:第70卷·报刊志[M].西安:陕西人民出版社,2000.

[37] 涂文学,邓正兵.抗战时期的中国文化[M].北京:人民出版社,2006.

[38] 肖劲光.肖劲光回忆录[M].北京:解放军出版社,1987.

[39] 陈先瑞.陈先瑞回忆录[M].北京:解放军出版社,1999.

[40]《陈奇涵传》编写组.陈奇涵传[M].北京:军事科学出版社,1997.

[41] 李维汉.回忆与研究:下册[M].北京:中共党史出版社,2013.

[42] 第一二〇师陕甘宁晋绥联防军抗日战争史编审委员会.第一二〇师陕甘宁晋绥联防军抗日战争史[M].北京:军事科学出版社,1994.

[43] 岳思平.八路军战史[M].北京:解放军出版社,2011.

[44] 莫文骅.莫文骅回忆录[M].北京:解放军出版社,1996.

[45] 张兵.缅怀与传承——开国将军张才千指挥艺术探析[M].北京:国防大学出版社,2011.

[46] 张才千.留守陇东[M].兰州:甘肃人民出版社,1984.

[47] 崑岺.父亲杜平——纪念杜平将军一百周年[M].上海:上海文艺出版社,2008.

[48] 赵超构.延安一月[M].北京:中国国际广播出版社,2013.

[49] 李兆炳.往事琐记[M].北京:中国文联出版公司,1992.

[50] 徐彬如.六十年历史风云纪实[M].北京:中国文联出版公司,1992.

[51]《冼星海全集》编辑委员会.冼星海全集:第一卷[M].广州:广东高等教育出版社,1990.

[52] 陈嘉庚.南侨回忆录[M].长沙:岳麓书社,1998.

[53]《王震传》编写组.王震传[M].北京:人民出版社,2008.

[54] 邓力群.王震全传[M].北京:中国工人出版社,2005.

[55] 张希贤,王宪明,张伟良.毛泽东在延安——关于确立毛泽东领导地位的组织人事、理论宣传和外交统战活动实录[M].北京:警官教育出版社,1993.

[56] 王向远."笔部队"和侵华战争[M].北京:北京师范大学出版社,1999.

[57] 王聚英.八路军抗战简史[M].北京:解放军出版社,2005.

[58] 房成祥,黄兆安.陕甘宁边区革命史[M].西安:陕西师范大学出版社,1991.

[59] 胡采.中国解放区文学书系·文学运动·理论编一[M].重庆:重庆出版社,1992.

[60] 魏巍.晋察冀诗抄·序[M].北京:中国青年出版社,1984.

[61] 李小三.中国共产党人精神研究[M].北京:中央文献出版社,2008.

[62] 肖云岭,陈钢.井冈山革命根据地文化建设史[M].南昌:江西人民出版社,2007.

[63] 延安文艺丛书:文艺理论卷[M].长沙:湖南人民出版社,1984.

[64] 张玉龙,何友良.中央苏区政权形态与苏区社会变迁[M].北京:中国社会科学出版社,2009.

[65] 李伟.青春的火焰[M].沈阳:辽宁少年儿童出版社,1997.

[66] 欧阳华.陕甘宁边区锄奸反特法制[D].北京:中国政法大学,2011.

[67] 任盼盼.抗战时期陕甘宁留守部队供给问题探究[D].上海:上海师范大学,2008.

[68] 张念传.美军驻延安观察组活动与影响探析[D].辽宁:辽宁大学,2011.

[69] 武丽娜.抗日战争时期音乐在我军政治工作中的地位与作用[D].南京:南京艺术学院,2007.

[70] 刘维民.抗日战争时期陕甘宁边区文化建设研究[D].贵州:贵州师范大学,2006.

[71] 喻志桃.抗战时期陕甘宁边区文化建设研究[D].广西:广西师范大学,2007.

[72] 许福芦.先进军事文化的德性价值——八路军部队文化工作特质研究[J].解放军艺术学院学报,2011(5).

[73] 吴祖鲲.抗日根据地的文化建设及其特点[J].理论探讨,1995(5).

[74] 辛愿.局部执政时期中国共产党的执政文化建设研究[J].赤峰学院学报,2012(3).

[75] 吴祖鲲.解放区文化建设论[J].长白学刊,1997(3).

[76] 王兆辉,张冰梅.解放区抗战歌谣的艺术特点[J].解放军艺术学院学报,2012(1).

[77] 马永超.陕甘宁边区军队民族宗教工作及其历史经验[J].西安政治学院学报,2007(5).

[78] 王志平,马永超.抗日战争时期人民军队在三边地区开展民族宗教工作研究[J].军事历史,2010(4).

[79] 高华.革命大众主义的政治动员和社会改革:抗战时期根据地教育[M]//杨天石,黄道炫.战时中国的社会与文化.北京:社会科学文献出版社,2009:41.

[80] 王自成.中外记者西北参观团访问延安记述[J].历史档案,1994(2).

[81] 卢少求.试析延安时期毛泽东先进文化建设思想[J].毛泽东思想研究,2007(2).

[82] 梅行.论部队文艺工作[J].大众文艺,1940,1(4).

[83] 吴晓荣.从红色歌谣看苏区的社会变动[J].江西社会科学,2005(5).

致　谢

完成论文是2014年，正值甲午战争爆发120周年和抗日战争胜利69周年。我要感谢为国家独立、民族复兴而抛头颅洒热血的先烈。

感谢单位领导对我的关心、爱护与支持，感谢单位给予我宽松的学习空间和深切的勉励，我深深地感到组织的帮助和支持是我成长的基础。

感谢清华大学马克思主义学院院长艾四林教授、副院长肖贵清教授、欧阳军喜教授、朱安东副教授、舒文副教授、吴俊副教授、冯务中副教授、何建宇副教授、张静老师、朱慧欣老师、张苗苗老师等对我论文的指点以及学业上的帮助，我当永记心中。衷心感谢恩师帅松林先生对我在学业上的精心指导和生活上的亲切关怀！先生孜孜不倦的言传身教、严谨求实的育人精神、无比坚定的政治品格都将使我终身受益。三年的研究生学习生活期间，各位老师、同学和朋友的关心爱护，使我受益匪浅。

回想完成论文的过程，脑海中立刻涌现出四幅画面：清华大学凯风人文社科图书馆——学习时间最多的地方；清华大学逸夫图书馆——借书最多的地方；北京大学图书馆——阅报最多的地方；中国国家图书馆——查阅资料最多的地方。在每个图书馆都得到了工作人员的热情帮助，都得到了知识和精神的极大满足，这些都令人难以忘怀。

成书期间，知识产权出版社特别是李海波老师付出了极大热情，做了大量细致周密的工作，对我帮助很大，在这里一并致谢！

最后深深地感谢无私爱我、支持我的家人！

王　凡

2017 年 10 月